导游词创作与讲解实务

主　编　李　妍　魏　巍

副主编　何欣竹　张　颖　孟玲娜　王　薇　沙海艳

科学出版社

北　京

内 容 简 介

本书从导游讲解的实际工作需要出发，结合《旅游景区讲解服务规范》（LB/T 014—2011）相关要求，以岗位内容和本专业教学要求的素质、知识、能力标准为依据，介绍导游词的创作方法与讲解技巧。本书采用模块化教学方法，设置任务导入、学习目标、学习重点与难点、基本知识、范文示例、点评解析、讲解训练、创作训练、拓展学习、课后任务等模块，突出素质的夯实、技能的训练、知识的运用及其要求，以求更加接近岗位实际并及时做好复习与总结。

本书既可作为职业院校旅游类专业教学用书，也可作为应用型本科院校旅游类专业教学参考用书，同时可供从事带团导游、景区讲解工作的专业人员借鉴与参考。

图书在版编目（CIP）数据

导游词创作与讲解实务/李妍，魏巍主编. —北京：科学出版社，2024.12
ISBN 978-7-03-077027-1

Ⅰ.①导… Ⅱ.①李… ②魏… Ⅲ.①导游–解说词–创作–中国
Ⅳ.①K928.9

中国国家版本馆 CIP 数据核字（2023）第 221040 号

责任编辑：宋　丽　李　莎　周春梅 / 责任校对：马英菊
责任印制：吕春珉 / 封面设计：东方人华平面设计部

科 学 出 版 社 出版
北京东黄城根北街 16 号
邮政编码：100717
http://www.sciencep.com
三河市骏杰印刷有限公司印刷
科学出版社发行　各地新华书店经销
*
2024 年 12 月第 一 版　　开本：787×1092 1/16
2025 年 7 月第二次印刷　　印张：8 3/4
字数：207 000

定价：40.00 元
（如有印装质量问题，我社负责调换）
销售部电话 010-62136230　编辑部电话 010-62138978-2046

前　言

　　旅游业是五大幸福产业之首,近年来旅游已经成为"小康生活标配、美好生活必备"。坚持以人民为中心,围绕游客需求,旅游业不断优化产品供给、提升服务品质,坚持以文塑旅、以旅彰文,推进文化和旅游深度融合发展,朝着满足人民对美好生活向往的目标进发。未来旅游业在用好红色资源、传承红色基因上,在促进产业融合、推进乡村振兴上,在讲好中国故事、传播中华文明上,在践行绿水青山、推进生态文明建设上,还将继续发挥重要作用。

　　导游讲解服务是导游服务的核心内容,导游讲解技能是导游员应当具备的核心能力,可以说导游讲解是导游服务的灵魂。导游讲解能够宣传景区文化,提升景区内涵,而导游讲解的好坏也直接影响景区的形象,因此加强导游队伍建设,提升导游员的文化素质,优化导游员的知识结构,对树立景区形象具有重要意义。本书内容的编写以工作任务为导向,明确了导游员在带团讲解和景区讲解过程中所需要的知识和技能。

　　本书优点突出、特色鲜明,具体如下:

　　(1)本书提供了规范的导游讲解内容和丰富的导游讲解形式,可以帮助读者提升讲解质量,打造旅游优质服务,推动旅游业高质量发展。

　　(2)当前导游深度讲解已经成为衡量导游员水平高低的一个重要标志,本书为导游员深度讲解和创作导游词提供了参考素材。

　　(3)本书总结了以往同类教材的精华,又增加了与时俱进的内容,同时具备前瞻性和实用性,紧紧抓住了旅游业发展对导游员素质提出的新要求。

　　全书共有6个项目,分别为导游词创作与讲解概述、欢迎词与欢送词的创作与讲解、沿途导游词创作与讲解、人文景观导游词创作与讲解、自然景观导游词创作与讲解、不同团型导游词创作与讲解。

　　本书由辽宁生态工程职业学院李妍、魏巍任主编,辽宁生态工程职业学院何欣竹、张颖、孟玲娜、王薇,沈阳故宫旅行社有限公司沙海艳总经理任副主编。具体编写分工如下:项目一由张颖编写,项目二由王薇编写,项目三由李妍编写,项目四由孟玲娜和何欣竹编写,项目五由何欣竹和魏巍编写,项目六由张颖和王薇编写;李妍、魏巍共同编写大纲,并负责统稿和定稿,沙海艳参与大纲编写和审稿等工作。

本书在编写过程中得到了辽宁生态工程职业学院生态旅游学院阎文实教授的指导与支持，在此特表感谢。

由于编者水平有限，书中难免存在不妥之处，敬请各位读者批评指正，以便再版时修订、完善。

编　者

2024 年 5 月

目 录

项目一　导游词创作与讲解概述

任务一　导游词创作技巧

任务导入

导游词是导游员在带团途中、参观游览过程中引导游客观光游览的讲解词。导游员如同演员，导游词好比剧本，剧本是演员演戏的基础，由此可见导游词的重要性。导游员创作一篇优秀的导游词，将景区的基本情况、社会文化、人文风情、风物特产等信息传递给游客，才能让游客深入了解景区，更好地观景赏美，体验风土人情，获得愉悦享受，为整个旅游过程"锦上添花"。

学习目标

※　知识目标

● 了解导游词的含义、分类与功能。
● 熟悉导游词的基本结构。
● 掌握导游词的创作过程。
● 掌握导游词的写作要求。

※　能力目标

● 能根据导游词的写作要求撰写并讲解导游词。

※　素质目标

● 提高文学修养，具有创新意识和奋斗精神，能够担负导游员传承中华文化的使命。

学习重点与难点

重点：导游词的写作要求。
难点：导游词的结构要求。

基本知识

一、导游词概述

1. 导游词的含义

导游词是导游员引导游客观光游览时对游览对象进行介绍、说明的讲解词。导游员是语言表达的主体，游客是导游词的受众，介绍、说明、讲解游览对象是导游词的基本内容。

导游词是导游员同游客交流思想，向游客传播文化知识的工具，也是应用写作研究的文体之一。导游词的创作既来源于导游员的工作实践，又完全服务于导游工作，是导游员必修的课题。

2. 导游词的分类

导游词的分类方法主要有以下 3 种。

（1）按讲解内容分类

导游词按讲解内容可分为自然景观导游词和人文景观导游词。自然景观导游词又可分为山地类景观导游词、水体类景观导游词、生物类景观导游词、气候气象类景观导游词，多采用描写、比喻、拟人等修辞方法。人文景观导游词又可分为古代建筑、宗教文化、古典园林、城市风光、主题公园、博物馆、民风民俗等类型的导游词，多采用严谨的笔法和准确的语言来表现。

（2）按形式分类

导游词按形式可分为书面导游词和现场口语导游词。书面导游词一般是根据实际的游览景观，遵照一定的游览线路、模拟游览活动而创作的，它是口语导游词的基础与脚本。导游员掌握了书面导游词的基本内容，根据游客的实际情况，在临场加以发挥，即成为口语导游词。本书所说的导游词创作，即书面导游词的创作。

（3）按功能分类

导游词按功能可分为带团型导游词和竞赛型导游词。带团型导游词是导游员在实际带团过程中所使用的导游词，实用性、随意性较强。竞赛型导游词要求选手在规定的时间内完成对某个游览对象的讲解，表演性、演讲性较强。

3. 导游词的功能

导游词是导游员向游客讲解的基本依据和脚本，导游员以导游词为基础，根据服务对象（游客的性别、年龄、职业、文化层次等）、服务场景（季节、天气等）的变化，有的放矢，适当发挥，满足不同游客的需求。因此，创作高质量的导游词对于导游员和游客而言，至关重要。

（1）导游词是导游员导游服务基本功的直观体现

对于导游员而言，导游词的好坏直接关系导游员讲解质量的高低，讲解服务作为导游服务中至关重要的环节，决定了总体服务的质量。因此，导游词是导游员导游服务基本功的直观体现，一名好的导游员，必不可少的一项技能便是创作优秀的导游词。

（2）导游词是引导游客观景赏美、品味文化的重要媒介

对于游客而言，导游员通过导游词对旅游景观进行绘声绘色的讲解和描述，介绍自然风光、历史典故、人文风貌，可以加深游客对旅游目的地的了解。

（3）导游词是宣传推广旅游目的地良好形象的主要手段

对于旅游目的地来说，一篇优秀的导游词，也是一篇好的广告词。游客可以通过导游词进一步了解旅游目的地的自然、人文景观，从而起到宣传、推广的作用。

二、导游词的基本结构

一篇完整的导游词，应该由标题、欢迎词、正文、欢送词 4 部分组成。

1. 标题

标题是导游词的题目，一般以自然景观或人文景观的名称，加上"导游词"组成，简洁、明了，使人一望便知。例如，"北京故宫导游词""泰山导游词""上海豫园导游词"等。

2. 欢迎词

欢迎词是导游员初次接待游客所做的"开场白"，内容一般包括问候语、欢迎语、介绍语、希望语和祝愿语。致欢迎词对导游员来说非常重要，它好比一场戏的序幕、一首乐章的序曲、一部作品的序言，会给游客留下深刻的第一印象。因此，导游员应当通过致欢迎词来展示自己的个人风采，对游客表示热烈的欢迎，使旅途有个良好的开端。

3. 正文

正文是导游词的核心内容，是对游览景点所做的全面介绍和详细讲解，包括总述、分述、结尾三部分。

1）总述部分是对游览景点的一个总体介绍，介绍旅游景点的位置、历史、布局、地位、价值、发展前景等，目的是帮助游客宏观了解景区（景点），激发游客的游览兴趣，犹如"未成曲调先有情"。

【举例】

游客朋友们，大家好！欢迎您来到浪漫之都大连的后花园——金石滩国家旅游度假区。有人说金石滩很美，也有人说金石滩很神奇，深藏着远古的气息，吸引人们去探索

与发现。"不游金石滩，枉为大连行"，金石滩已经成为大连旅游的必去景点。很荣幸今天能为大家的金石滩之旅作向导，就让我们一起去真实地感受金石滩浪漫的风情，欣赏她的神秘魅力吧！

2）分述部分是导游词的重点，这部分大多是以游踪为线索，按景点顺序一一进行生动、具体的解说，使游客尽情饱览自然风光的壮美，领略文化景观的魅力，体悟民风民俗的淳朴，留下美好的回忆。

3）结尾部分是对游览景点的一个总结和提升。好的总结可以起到画龙点睛的作用，让游客意犹未尽。

4. 欢送词

整个游览结束，要有欢送词。欢送词包括表示惜别、感谢合作、总结旅游、征求意见、期盼重逢等方面的内容。如果说好的欢迎词给游客留下了美好的第一印象，那么好的欢送词给游客留下的最后印象则是深刻的、持久的，甚至是永生难忘的。

【举例】

"一海一世界，风情金石滩。"游客朋友们，当我们即将结束金石滩之行时，您是否也有同样的感受呢？但愿后会有期，我们能再次相聚，在听海逐涛中享受无限激情，在赏石观景中体验浪漫人生！

三、导游词的创作过程

要创作一篇好的导游词，掌握丰富的资料至关重要。导游员在查阅大量资料的基础上，对这些资料进行整理加工，去伪存真，去粗取精，注重创新，创作出个性化的导游词，并在后续的导游讲解过程中不断修改和丰富，最终完成一篇优秀的导游词。导游词的创作过程如下。

1. 多种途径收集资料

导游员在创作导游词之初，要多方收集相关资料，收集途径主要有以下几种。

（1）互联网

在当今信息化社会，互联网上有海量信息。导游员可以在互联网上，通过门户网站、景区官网、导游论坛、博客、微博、微信等获取大量导游词创作的基础资料。利用互联网搜索资料时应注意以下内容。一是要注意关键词的选取。很多导游员在搜索某景点资料时，习惯输入"××景点导游词"，这样其实在很大程度上缩小了搜索范围，而且搜索出来的资料大多是别人撰写的导游词，时效性不强。二是网络信息纷繁庞杂，要注意分辨真伪，善于寻找准确可靠的信息来源（如景区官方网站、政府门户网站等），善于质疑，发现错误。

（2）纸质媒介

导游员可通过著作、图册、报纸、杂志等收集要创作的景点导游词的相关信息。相对于网络信息而言，从纸质媒介上所获取的信息，更新速度慢，但是信息来源通常更准确可靠。若通过旅游目的地相关历史年鉴、古典书籍、文化名著等收集资料，可以增加导游词的厚重感和文化品位。因此，纸质媒介并不过时，反而非常重要。

（3）电视媒体

电视节目中的影像资料也不失为导游员获取资料的一个良好途径，如旅游节目、纪录片等。很多旅游城市、景点拍摄有纪录片、宣传片等，这些影像资料可以使导游员在短时间内全面了解该地概况及其景观特色、文化内涵，从中汲取利于创作导游词的养分。

（4）实地考察

"纸上得来终觉浅，绝知此事要躬行。"导游员在创作导游词时只靠收集的文献资料是远远不够的，还要以事实为依据，实地考察，理论结合实践，才能创作出高质量的导游词。因此，利用各种机会实地走访、考察，并随时观察景点景区的变化，结合当下的时事政策与人们的心理需求，及时记录心得，才能创作出与众不同的导游词。

2. 辨别正误与良莠，精心整理资料

导游员通过多方收集来的资料，不一定全部是正确、有效的，也有互相矛盾的，甚至错误的。因此，导游员要对所收集的材料进行仔细甄别，多方求证，去伪存真，去粗取精，精心整理。例如，诗词名言的出处是否正确，历史年份、历史事件是否符合实际，生僻字的发音是否准确，等等。切忌生搬硬套、不认真思考的做法。

3. 确定写作主题

主题，是作者在文章中表达的中心思想。它体现了作者创作的主要意图，表现了作者对文章中所反映的客观事物的基本认识、理解和评价。导游词的写作也要重视主题的确立和提炼，即通过一篇导游词的讲解，要向旅游者表达一种什么思想、意图，要激发旅游者什么样的情感、认识和评价，从而达到启发教育的目的。因此，主题是导游词的核心、灵魂和统帅，导游员要根据确定的主题，明确创作重点，进行谋篇布局，切不可泛泛而谈，创作出记流水账似的导游词。

4. 根据对象及场景，设计游览线路

很多大型景区游览景点众多、线路复杂，在导游词创作时不可面面俱到，要结合服务对象和预计的场景，围绕预先确定的导游词主题及重点，设计游览线路。根据重点选取场景的不同可以规划出多条线路。例如，北京故宫，围绕中轴线这一条主线进行创作，中轴线上又以太和殿为主；又如，南京钟山风景名胜区这种集锦式景区，分开创作"中山陵""明孝陵""灵谷寺"等景区的内容,最后根据旅游线路把以上景区串联起来就是一篇完整的导游词。

5. 精心组织导游语言,完成导游词创作

在确定主题及导游线路后,导游员就要对收集的资料进行进一步的取舍与定夺,使杂乱无章的材料变成富有生命力的、互相联系的、表现景观特色的语言,围绕确定的主题及重点创作导游词。

6. 进行实地检验,不断改进提升

一篇导游词优秀与否,要经过实地检验。导游员在进行实地导游时,可从讲解时游客的反应中得到反馈。优秀的导游词一定能吸引游客,活跃团队气氛,且让游客有所收获。如果不能达到这样的效果,则须在今后的创作过程中不断改进与提升。

四、导游词的创作要求

随着旅游业的发展和游客各方面需求的提高,导游词要避免千篇一律。一篇好的导游词,既要让游客了解游览对象的基本情况,又要让游客有身临其境的感觉,这就需要导游员创作个性化、实用型的导游词。

1. 强调知识,注重内涵

一篇优秀的导游词,必须内容丰富、准确无误,自然景观要探讨其成因,人文景观要追寻其文化内涵。导游词将各类知识融入其中,旁征博引,才能够令人信服、引人入胜。

导游词的内容也不能只满足于一般性介绍,写成流水账,还要注重深层次的内容,挖掘文化内涵。可以通过诗词点缀、名家评论,甚至自己的感受、自己及他人的评论等来提高导游词的水准。

导游词还要不断创新,结合当下的时事、社会热点等,与时俱进,追寻时代气息,同时给游客一种新颖的思考,这样才有助于提高导游质量。

2. 采用口语化语言,摒弃书面用语

书面导游词是为现场口语导游准备的,导游语言是一种具有丰富表达力、生动形象的口头语言。这就是说,在导游词创作中要注意多用口语词汇和浅显易懂的书面语词汇,避免使用难懂的、冗长的书面语词汇和音节拗口的词汇,尽量使用短句,减少华丽的书面文学辞藻的堆砌,讲起来要顺口、流畅,听起来轻松、易懂。此外,还要减少刻意主观煽情。

强调导游词口语化，并不意味着忽视语言的规范化。编写导游词必须注意语言的品位，切忌低级化、庸俗化的语言。

【练习】将以下长句改写成适合讲解的短句。

张学良旧居又称张氏帅府，是 20 世纪初，北洋政府元首、奉系军阀首领张作霖及其长子，伟大的爱国者张学良的官邸和私宅。

【修改】

_____

_____

_____

3. 突出趣味，激发兴趣

导游词要有趣味性，才能激发游客的兴趣，因此在创作导游词时必须注意以下六个方面的问题。

（1）编织故事情节

讲解一个景点时，要不失时机地穿插趣味盎然的民间传说和历史故事，以激起游客的兴趣和好奇心。选用的故事内容必须是积极向上的，并与景观密切相连，不得胡编乱造；需要与讲解的内容紧密结合，切忌生搬硬套。例如，在讲解沈阳故宫凤凰楼上"紫气东来"的匾额时，可以讲解乾隆皇帝借用"老子过函谷关"的典故；在讲解"九·一八"历史博物馆时，可讲解东北野战军血战配水池的故事；在讲解山东烟台蓬莱阁时，可讲解八仙过海的神话传说。

（2）语言生动形象

生动是导游语言艺术性和趣味性的具体体现。导游员的语言应鲜明生动，言之有神、言之有趣，切忌使用平铺直叙、毫无生气的讲解方式。如果导游员的语言表达呆板生硬，游客必定产生不耐烦或厌恶的情绪，难以达到讲解效果。妙趣横生、形象生动的导游语言则能引人入胜，给游客留下深刻的印象。

（3）运用修辞手法

导游词的表达方式要多样化，不仅适用叙述、议论、抒情、说明等方法，还要恰当地运用比喻、比拟、夸张、象征、借代等手法，多种修辞手法的运用会使导游员的语言具有美感，有声有色，更能激发游客的兴趣，使游客沉浸陶醉。

【举例】

有人说，三峡像一幅展不尽的山水画卷；也有人说，三峡是一条丰富多彩的文化艺术长廊；我们说，三峡倒更像一部辉煌的交响乐。它由"瞿塘雄、巫峡秀、西陵险"这三个具有不同旋律和节奏的乐章所组成。（纪录片《话说长江》解说词）

（4）表达幽默风趣

幽默风趣是导游词艺术性的重要体现，它可使导游词锦上添花，可使气氛活跃，可使游客欢笑，增强游兴。例如，旅行车在一段坑坑洼洼的道路上行驶，游客中有人抱怨。导游员说："请大家稍微放松一下，我们的汽车正在给大家做身体按摩运动，按摩时间大约为 10 分钟，不另收费。"一席话引得游客哄堂大笑。这位导游员以苦中求乐的口吻把坑洼的路况说得轻松愉快，缓和了尴尬的气氛。

（5）情感亲切温暖

导游词语言应是文明、友好和富有人情味的，应言之有情，让游客听后备感亲切、温暖。

（6）随机应变，临场发挥

导游员在导游讲解时要随机应变、临场发挥，要灵活运用多种导游手法，如问答法、引人入胜法、触景生情法、创造悬念法等，这样的导游讲解就会生动自然、趣味浓郁。

4. 重点突出，明确主题

每个景区的景点都有其代表性的景观，每个景观又从不同角度反映出它的特色。导游词必须在顾及全面的情况下突出重点。面面俱到，没有重点的导游词是不成功的。在创作导游词时，应有一条主线贯穿整个讲解，这样才能给游客一个鲜明的印象，并牢牢抓住游客的心，使他们从游览活动中获得知识并留下美好、深刻的记忆。

【练习】以下景点（景区）应该突出哪些重点呢？
黄山、九寨沟、故宫、秦始皇陵兵马俑、石林、莫高窟。

_____

_____

_____

5. 针对性强，有的放矢

导游词必须从实际出发，因人、因时而异，要有的放矢，即根据不同的游客及其当时的情绪和周围的环境进行导游讲解。切忌出现不顾游客差异而仅有一篇导游词的现象。创作导游词一般应有假设对象，这样才能有针对性。例如，同一座山，春夏秋冬各有风采，春山如笑，夏山如怒，秋山如妆，冬山如睡。

6. 重视品位，雅俗共赏

创作导游词，必须注意提高品位。一要强调思想品位，健康向上。切忌为了迎合某些游客的口味而使导游词低级、庸俗，弘扬爱国主义精神是导游员义不容辞的职责。二要讲究文学品位，高雅脱俗。导游词是和游客交流用的语言，如果再适当地引经据典，得体地运用诗词名句和名人警句，就会进一步提高导游词的文学品位。三要体现"玩"的品位，雅俗共赏。现代人出门以"玩"为主，讲求玩的时序，享受玩的乐趣，追求玩的层次与品位。因此导游员在创作导游词时要层层深入，寓教于乐，在"玩"中传播知识与文化。

范文示例

本溪水洞导游词（节选）

[欢迎词]

各位朋友，大家好！欢迎大家来到素有"天下奇观"之美誉的本溪水洞参观游览。我是您此行的导游员×××，接下来就由我为大家服务，一路上大家有什么问题，请尽管向我提出，我将竭诚为大家解决。今天就请大家随我一同悠游于这水与石天然形成的神奇洞穴，预祝大家旅途舒心、愉快。

[总体介绍]

本溪水洞位于本溪市境内，距本溪市区 28 千米的东部山区太子河畔，是距今 40 万年前（中更新世）形成的一个大型含水层型地下河岩溶洞穴。这里风光十分秀美，以洞奇、石异、水幽而著称。

已探明的洞穴系统由九曲银河洞（主洞道）、蟠龙洞（旱洞）、银波洞（充水洞）和上游延续暗洞构成。本溪水洞于 1994 年被国务院批准为国家级风景名胜区，2015 年被国家旅游局授予 AAAAA 级旅游景区称号。

本溪水洞又称"九曲银河"，水洞长 3650 米，面积 4.9 万平方米，空间 40 余万立方米。

来，现在我们就一起来领略这奇异的水洞风光吧！

[水洞景观]

请随我乘船游览水洞。洞中的暗河四季不竭，平均水深 1.5 米，最深处可达 7 米。可以说，游览本溪水洞，好比"古洞泛舟"。水洞按其景观形体可分为"二门、三峡、七宫、九曲"，共有 90 余处景观。洞中景物全部为自然形成。大家请看，那是"宝莲灯"，前面是"芙蓉峡"。荷花又称芙蓉，深受我国人民的喜爱，与梅、兰、菊、牡丹、芍药一起并称历史上六大名花。荷花本应向上开放，这里却是倒悬。继续前行，便是"广寒宫"，传说中嫦娥居住的地方。出了"广寒宫"，便是"双剑峡"。钟乳石就犹如利剑，高悬在上，在此游览，真是"船在水中行，人在剑丛过"。过了"双剑峡"，就是"九曲银河"的第一门——"剑门"。穿过"剑门"，豁然开朗，洞体突然高大宽敞起来，这是九曲银河洞最奇、最美之处。现在进入"九曲银河"的第二门——"虎闸门"。看，那块岩石貌似一只凶猛的老虎。前方进入"玉象峡"，这是九曲银河最长的一段，约 700 米。现在看到的这座"大斜塔"，斜度竟然超过比萨斜塔30°，堪称世界之最。游客朋友们，现在我们看到的是冰雪世界——"北极宫"。"北极宫"是九曲银河中最大的一宫。过了大雪山，前方是"九曲银河"第六宫——"玉女宫"。河中岛上的那个石笋，多像一位亭亭玉立的少女啊！现在看到的是九曲银河最后一宫——"源泉宫"。这里是本溪水洞已经开发部分的尽头，地下暗河中的流水由此涌出。游客朋友们，我们已经游览了开发部分的最末端，前方巨大石壁让我们无法继续前行。但是，水洞并没到尽头，据探测，还有 3000 米以上，所以，水洞未来的开发前景十分广阔。

[过渡]

朋友们尽情地观赏了这座水洞的种种奇观，大家可能要问：如此大的洞穴是怎么形成的呢？地下暗河水源来自哪里呢？

[水洞的成因]

其实，水洞的形成经历了漫长的历史过程。距今 4.5 亿年前，本溪还是一片浅海，大量的石灰岩沉积下来。以后历经了 5 次剧烈的地质构造运动，尤其是 7000 万年前的燕山造山运动，本溪不仅由浅海变为陆地，而且在沉积的石灰岩中间产生了大大小小的裂隙。河水渗入奥陶系石灰岩含水层裂隙流之中，不断溶解石灰岩，成为碳酸氢钙，使裂隙变大成为洞穴，日积月累终于形成了今天的本溪水洞。

[过渡]

游客朋友们，我们现在已经出了水洞。洞外就是樱桃园和天女木兰园。天女木兰花是本溪市花，花洁白硕大，芳香扑鼻。请大家自由活动一下，半小时后我们在此集合。

[欢送词]

游客朋友们，今天的游览到此就要结束了。非常感谢大家对导游工作的支持和配合。欢迎大家下次再来观光旅游。祝大家一路顺风，万事如意！现在就让我们带着愉快的心情踏上归途吧。

（资料来源：根据本溪水洞官方网站资料整理改编）

点评解析

1. 结构和内容分析

欢迎词：内容简洁，开门见山。包含问候语"各位朋友，大家好"，欢迎语"欢迎大家来到素有'天下奇观'之美誉的本溪水洞参观游览"，介绍语"我是您此行的导游员×××"，希望语"接下来就由我为大家服务，一路上大家有什么问题，请尽管向我提出，我将竭诚为大家解决"，祝愿语"今天就请大家随我一同悠游于这水与石天然形成的神奇洞穴，预祝大家旅途舒心、愉快"，符合欢迎词创作的基本规范。

正文：导游词采用总分的形式进行介绍，先对本溪水洞的基本情况进行概述，介绍它的地理位置及主要组成部分，接下来介绍本溪水洞的主要景观，如宝莲灯、芙蓉峡、广寒宫、北极宫等。由主要景观过渡到水洞成因，条理清晰，层层递进。

欢送词：简洁明了，表达了对游客朋友的惜别之情和谢意，欢迎游客再来，符合欢送词的基本规范。

2. 语言特色分析

这是一篇实地讲解用的导游词，因为本溪水洞导游词的篇幅较长，选取了其中的一部分。这篇导游词具体有以下几个特点。

1）口语化表达较多，与游客互动较好。例如，"大家请看，那是'宝莲灯'……深受我国人民的喜爱……"等表达，都十分口语化，能拉近导游员与游客之间的距离。

2）运用修辞，生动形象。例如，"现在进入'九曲银河'的第二门——'虎闸门'。看，那块岩石貌似一只凶猛的老虎"，这种比喻形象逼真，能给游客留下深刻的印象。

3）使用了多种导游讲解方法。例如，介绍本溪水洞概况时，使用的是概述法；以"二门、三峡、七宫、九曲"点出本溪水洞的主要景观形体，是一种画龙点睛的讲解方法。

创作训练

结合所学内容，选取一个你最熟悉的 AAAAA 级景区，尝试创作一篇导游词。要求：①不能直接照搬或照抄网络、书籍上的现有导游词；②语言、重点、主题、品位等都要符合导游词创作的基本要求，同时要注重创新；③字数控制在 800～1000 字；④根据训练完成情况，进行自评、小组互评和教师评价（表 1.1），从而确定个人学习收获、能力水平和努力方向。

表 1.1　导游词创作训练评分表

评价项目	评价内容	分值	自评	小组互评	教师评价
欢迎词	包括问候语、欢迎语、介绍语、希望语和祝愿语	20			
主体	强调知识，注重内涵	10			
	采用口语化语言，摒弃书面用语	10			
	突出趣味，激发兴趣	10			
	重点突出，明确主题	10			
	针对性强，有的放矢	10			
	重视品位，雅俗共赏	10			
欢送词	包括惜别、感谢合作、总结旅游、征求意见、期盼重逢等要素	20			
	总分	100			
努力方向					

拓展学习

导游词创作的难点

导游词创作存在诸多难点，主要体现在以下方面：

1. 内容把握

（1）信息筛选

景点相关信息非常多，要从众多历史、文化、传说等资料中筛选出准确、关键且能吸引游客的内容，避免信息过多导致导游词冗长繁杂或重点不突出，难度较大。

（2）深度与广度平衡

需根据游客的背景和需求，合理把握讲解内容的深度与广度。既要让游客深入了解景点内涵，又不能过于专业晦涩，要使不同文化层次的游客都能理解和接受，这需要精准地判断游客群体和巧妙地组织导游词的内容。

（3）文化内涵挖掘

挖掘景点背后深层次的文化内涵并非易事，要对当地历史、文化、民俗等有深入的研究，还需以生动易懂的方式呈现给游客，使游客能真正感受到景点的文化价值。

2. 语言表达

（1）风格塑造

要根据景点特色和游客群体，塑造合适的语言风格，如历史古迹类景点需庄重严谨又不失生动，自然景观类景点要清新优美，且要在导游词中保持风格的一致性，这对创作者的语言驾驭能力要求较高。

（2）生动与准确兼顾

语言既要生动形象以吸引游客，又要准确无误地传达信息，避免因追求生动而出现夸张失实或因强调准确而使语言枯燥乏味的情况，需在两者之间找到精妙的平衡。

（3）口语化与规范性协调

导游词需口语化以便游客理解，但也要注意语言的规范性，不能过于随意。要在通俗易懂和规范准确之间把握好度，尤其在涉及专业术语和历史文化知识时，更要注意表述的规范性。

3. 个性化定制

（1）游客需求差异

不同游客群体的兴趣点和需求差异大，如老年游客可能对历史文化更感兴趣，年轻游客可能更关注娱乐性和新奇体验，要在一篇导游词中满足不同游客的需求，实现个性化定制，难度较大。

（2）景点共性与个性处理

一些相似类型的景点存在共性，创作导游词时既要突出其共性让游客有整体认知，又要精准抓住每个景点的独特之处，展现其个性，避免导游词千篇一律，这需要对景点有细致入微的观察和深入的比较分析。

课后任务

1）如何更好地利用互联网获取对导游词创作有帮助的有效信息？

2）同一篇导游词由不同的导游员讲解，效果是否一样？为什么？

任务二 导游词讲解技巧

任务导入

创作一篇优秀的导游词是完成优秀讲解的前提，但如果导游员是"茶壶里煮饺子——有货倒不出"，再好的导游词也无济于事。一名优秀的导游员既要"笔头功夫"好，会创作，又要"嘴上功夫"了得，会讲解，双管齐下才能做好导游讲解工作，为整个导游服务质量的提升打下坚实基础。

学习目标

※ 知识目标

● 了解导游讲解重要性。
● 掌握导游讲解口头语言技巧。
● 掌握导游讲解体态语言技巧。
● 掌握导游讲解常用方法。

※ 能力目标

● 能运用导游讲解技巧讲好导游词。

※ 素质目标

● 具有爱岗敬业、吃苦耐劳的职业精神。
● 具有文化自信心，积极传播中华文化。

学习重点与难点

重点：导游讲解常用技巧。

难点：导游讲解技能的灵活运用。

基本知识

一、导游讲解概述

导游讲解就是导游员以所创作的书面导游词为基础，以口头语传递给游客旅游信息的一种形式。导游讲解是导游服务的核心内容。在导游的讲解服务、旅行生活服务、市内交通服务中，导游讲解是导游服务的灵魂。导游讲解是导游员在带领游客游览过程中对景区景观形象特色的阐释和对景区人文形象的描述，从而表达出游客感兴趣的旅游元素和内涵。优秀的导游讲解能向游客提供最新的信息、最好的服务，以满足游客求新、求美、求乐的旅游需求。

导游讲解的目的是让游客充分了解景区的基本信息，欣赏景区内的自然景观和人文景观，使旅游景区在游客心目中的形象得到美的提炼，使景区的美景和游客美的感受、知识的充实完美契合，从而在游客心目中形成良好的景区形象。同时，导游员的形象也是旅游景区形象宣传的一个活动窗口，优秀的导游员不仅能让游客产生好感，还能通过游客这个有着巨大潜力的宣传员发挥广告效应。

导游讲解是导游员的一种创造性的劳动，因而在实践中，导游讲解的方式、方法可谓千差万别。但是，这并不意味着导游员在讲解过程中可以随心所欲、异想天开。要保证导游讲解的服务质量，无论何种导游讲解方式、方法的创新，或导游讲解艺术的创造都必须符合导游讲解的基本规律，遵循一些基本原则，符合一定的导游讲解要求。

二、导游讲解语言表达技巧

导游讲解语言是导游员在导游服务过程中必须熟练掌握和运用的所有含有一定意义并能引起互动的一种符号。导游讲解语言不仅包括口头语言，还包括体态语言、书面语言和副语言。导游词、导游书信等都属于导游书面语言。副语言是一种有声而无固定语义的语言，如重音、笑声、叹息、掌声等。

1. 导游讲解口头语言表达要领

在导游讲解中，口头语言是使用频率最高的一种语言形式，是导游员做好导游服务最重要的手段和工具。导游讲解口头语言通常分为独白式和对话式两种。独白式是导游员讲、游客听的语言传递方式,如导游员致欢迎词、欢送词或进行独白式的导游讲解等。对话式是导游员与一个或一个以上的游客之间所进行的交谈,如问答、商讨等。在团队导游中,导游员常采用独白式的形式进行讲解;在散客导游中,导游员常采用对话式的形式进行讲解。无论是独白式还是对话式讲解,都要注意表达要领。

影响导游讲解口头语言表达的主要因素有音量、语调、语速和停顿等。

(1)音量大小适度

音量是指一个人讲话时声音的强弱程度。导游员在进行导游讲解时要注意控制自己的音量,力求做到音量大小适度,让游客听起来舒心、悦耳。一般来说,导游员音量的大小应以每位游客都能听清为宜,但在游览过程中,音量大小往往受到游客人数、讲解内容和所处环境的影响,导游员应根据具体情况适当进行调节。首先,要根据游客人数及导游地点、场合调节音量。游客人数多时,音量要以使离导游员最远的游客听清为度,游客人数少时音量要小一些。在室外讲解时,音量要适当大一些,在室内讲解时则要小一些。因此,导游员平时要注意练声,从低声到高声分级练习,以便掌握在不同的情况下说话音量的大小。其次,要根据讲解内容调节音量,对主要信息的关键词语要加大音量,强调其主要语义。音量调节要以讲解内容及情节的需要为基准,该大时大,该小时小,绝不能无缘无故用高声、尖声或低声,不然便有危言耸听之嫌。

【练习】分别以5人小组、10人小组及整个班级为对象,在室内或室外进行导游讲解练习,重点练习讲解音量的控制。

(2)语调抑扬顿挫

语调是指人说话的腔调,就是一句话里声调抑扬轻重的变化。在现代汉语中,语调是以声调为基础的。声调有阴平、阳平、上声、去声及轻声。单纯的声调交错就足以形成语言的抑扬之美。语调一般分为升调、降调和直调三种,高低不同的语调往往伴随着人们不同的感情状态。升调多用于表示兴奋、激动、惊叹、疑问等感情状态。降调多用于表示肯定、赞许、期待、同情等感情状态。直调多用于表示庄严、稳重、平静、冷漠等感情状态。导游员在讲解过程中要注意语调高低有序的变化,但不可过于夸张、矫揉造作。

【练习】导游词讲解训练,注重把握讲解语调的抑扬顿挫。

相传,很久以前,金石滩是一个荒无人烟的小岛。直到有一天,女娲娘娘补天时不小心将一枚色彩斑斓的石头遗落在这里,为这里带来了福气——天清气暖、水静浪平、鱼虾丰盛……美丽的小岛像一颗璀璨的明珠,熠熠生辉。女娲娘娘喜笑颜开。于是,她捏了两个小泥人放在小岛上,并教会他们打鱼、耕种。千百年过去了,当年的小泥人男渔女织,互敬互爱,无声无息地繁衍着,并将这个小岛取名为"凉水湾"。那么,为什么现在叫它"金石滩"呢？据说，这里的石头会说话，有灵性，所以人们认为这里的石头比金子还贵重，便把这里取名为金石滩。

（3）语速快慢相宜

语速是指一个人讲话的快慢程度。导游员在讲解或同游客交谈时，要力求做到徐疾有致、快慢相宜。如果语速过快，会使游客听起来吃力，甚至跟不上导游员的节奏，对讲解内容印象不深甚至遗忘；如果语速过慢，会使游客感到厌烦，分散注意力，也会使导游讲解不流畅。当然，如果导游员一直用一种语速，像背书一样，不仅缺乏感情色彩，而且枯燥乏味，令人昏昏欲睡。

在导游讲解中，较为理想的语速应控制在每分钟 200 字左右。根据具体情况可适当调整语速。例如，对中青年游客，导游讲解的语速可稍快些，对老年游客则要适当放慢语速；对讲解中涉及的重要或要特别强调的内容，可适当放慢语速，以加深游客的印象；对那些不太重要的或众所周知的事情，则要适当加快语速，以免浪费时间，令游客不快。

（4）停顿长短合理

停顿是指一个人讲话时语音上稍作间歇。导游员在讲解时，并不是因为讲累了需要休息才停顿片刻，而是为了使讲解能达到心理上的共鸣，突然故意把话头中止，沉默下来。如果导游员一直滔滔不绝，不但无法集中游客的注意力，而且会使讲解变成催眠曲；反之，如果说话吞吞吐吐，老半天才说出一句话，或在不该停顿的地方停顿了，不仅会分散游客的注意力，而且容易使人产生语言上的歧义。因此，这里所说的停顿，是指语句之间、层次之间、段落之间的间歇。

导游讲解停顿的类型很多，常用的有语义停顿、暗示省略停顿、等待反应停顿、强调语气停顿等。语义停顿是指导游员根据语句的含义所做的停顿。一般来说，一句话说完要有较短的停顿，一个意思说完则要有较长的停顿。暗示省略停顿是指导游员不直接表示肯定或否定，而是用停顿来暗示，让游客自己判断。等待反应停顿是指导游员先说出令人感兴趣的话，然后故意停顿下来激起游客的反应。强调语气停顿是指导游员讲解时，为了加深游客的印象所做的停顿。

【练习】根据标注的斜线，练习导游讲解中的停顿（每条斜线停顿 2 秒）。

千山具有青城之幽、／峨眉之秀，／其石不逊九华，／其松不输黄山，／被誉为东北"诸山之冠""关东名胜之首"。／／千山自古以来就有无峰不奇、／无石不峭、／无庙不古、／无处不幽之美誉。／／

2. 导游讲解体态语言运用要领

体态语言又称态势语言、人体语言或动作语言，它是通过人的表情、动作、姿态等来表达语义和传递信息的一种无声语言。同口头语言一样，它也是导游服务中重要的语言形式之一，常常在导游讲解时对口头语言起着辅助作用，有时甚至能起到口头语言难以企及的作用。下面介绍几种导游讲解中常用的体态语言运用要领。

（1）表情语

表情语是指通过人的眉、眼、耳、鼻、口及面部肌肉的运动来表达情感和传递信息的一种体态语言。表情语的三大类别是面部表情、语言声调表情和身体姿态表情。导游员的面部表情要给游客一种松弛、自然的感觉。导游员要尽量使自己的目光显得自然、诚挚，额头平滑不起皱纹，面部两侧笑肌略有收缩，降下唇肌和口轮匝肌处于自然放松的状态，嘴唇微闭，使游客产生亲切感。

（2）目光语

目光语是通过人与人之间的视线接触来传递信息的一种体态语言。达·芬奇曾说"眼睛是心灵的窗户"，意思是透过人的眼睛，可以看到一个人的心理情感。目光主要由瞳孔变化、目光接触的长度及向度三个方面组成。瞳孔变化，是指瞳孔的放大或缩小。一般来说，当一个人处于愉悦状态时，瞳孔就自然放大，目光有神；反之，当一个人处在沮丧状态时，瞳孔自然缩小，目光黯淡。目光接触的长度是指目光接触时间的长短。一般情况下，导游员连续注视游客的时间应保持在 1～2 秒，以免引起游客的厌恶和误解。目光接触的向度是指视线接触的方向。一般来说，人的视线向上接触（即仰视）表示"期待""盼望""傲慢"等含义；视线向下接触（即俯视）表示"爱护""宽容""轻视"等含义；视线平行接触（即正视）表示"理性""平等"等含义。导游员常用的目光语应是"正视"，让游客从中感到自信、坦诚、亲切和友好。

导游员在讲解时，运用目光语的方法很多，常用的主要有以下几种。

1）目光的联结。导游员在讲解时，应用热情而又诚挚的目光看着游客。导游员的目光应该是开诚布公、对人表示关切的，是一种可以看出谅解和诚意的目光。那种一直低头或望着毫不相干处，只顾自己滔滔不绝的导游员是无法与游客产生沟通的。因此，导游员应注意与游客目光的联结，切忌目光呆滞（无表情）、眼帘低垂（心不在焉）、目光向上（傲慢）、视而不见（轻视）和目光专注而无反应（轻佻）等不正确的目光联结方式。

2）目光的移动。导游员在讲解某一景物时，首先要用目光把游客的目光吸引过去，再及时收回目光，并继续投向游客。这种方法可使游客集中注意力，并使讲解内容与具体景物和谐统一，给游客留下深刻的印象。

3）目光的分配。导游员在讲解时，应注意自己的目光要统摄全部游客，既可把视线落点放在最后边两端游客的头部，也可不时环顾周围的游客。切忌只用目光注视面前的部分游客，不顾后面、两侧游客的做法，否则容易使其他游客感到自己被冷落，产生被遗弃的感觉。

4）目光与讲解的统一。导游员在讲解传说故事和逸事趣闻时，讲解内容中常常会出现甲、乙两人对话的场景，需要加以区别，导游员应模仿甲说话时把视线略微移向一方，在模仿乙说话时把视线略微移向另一方，这样可使游客产生一种逼真的现场感，犹如身临其境一般。

【练习】 把全班学生分成若干小组，扮演导游员与游客，分别训练目光的联结、目光的移动、目光的分配和目光与讲解的统一。

（3）姿态语

姿态语是通过端坐、站立、行走的姿态来传递信息的一种体态语言，一般可分为坐姿、立姿和走姿三种。导游员在讲解过程中通常是站立状态。

站姿的基本要领：头正、颈直、双眼目视前方、下颌略收、微笑；双肩放松并打开；挺胸、双臂自然下垂；收腹、立腰、提臀；双腿并拢、两膝间无缝隙。

站立时，双手可取下列之一手位：双手置于身体两侧，自然下垂；右手搭在左手上，叠放于腰腹以上；双手叠放于体后；一手放在体前，一手放在体后；一手举麦克风（或导游旗），一手在体侧自然下垂；配合讲解做适当手势。

站立时，可采用以下几种脚位："V"形，两脚跟贴紧，脚尖自然分开60°左右，男女皆可；双脚呈小丁字形，重心放在后脚跟（女士专用）；双脚平行分开，但不能宽过双肩（男士专用）。

姿态训练方法：

1）五点靠墙：背墙站立，脚跟、小腿、臀部、双肩和头部靠着墙壁，以训练整个身体的控制能力。

2）双腿夹纸：站立者在两大腿间夹一张纸，保持纸不松、不掉，以训练腿部的控制能力。

3）头上顶书：站立者按要领站好后，在头上顶一本书，努力保持书在头上的稳定性，以训练头部的控制能力。

4）效果检测：轻松摆动身体后，瞬间以标准站姿站立，若姿势不够标准，则应加强练习，直至标准为止。

（4）手势语

手势语是通过手的挥动及手指动作来传递信息的一种体态语言，包括握手、招手、手指动作等。在导游讲解中，手势不仅能强调或解释讲解的内容，还能生动地表达口头语言所无法表达的内容，使导游讲解生动形象。导游讲解中的手势有以下三种。

1）情意手势：用来表达导游讲解情感的一种手势。例如，在讲到"夺取新时代中国特色社会主义新胜利"时，导游员有力地挥动一下拳头，既可渲染气氛，也有助于情感的表达。

2）指示手势：用来指示具体对象的一种手势。例如，导游员讲到黄鹤楼一层的一副楹联"爽气西来，云雾扫开天地憾；大江东去，波涛洗尽古今愁"时，可用指示手势一字一句地加以说明。

3）象形手势：用来模拟物体或景物形状的一种手势。例如，当讲到"有这么大的鱼"时，可用两手食指比一比；当讲到"5公斤重的西瓜"时，可用手比画一个球的形状；当讲到"湖北有座黄鹤楼，半截插在云里头"时，也可用手的模拟动作来形容。

导游员在什么情况下使用何种手势，应视讲解的内容而定。导游员在手势的运用上必须做到简洁易懂、协调合拍、富有变化、节制使用。此外，还要避免使用游客忌讳的手势。

【练习】运用手势语进行如下导游词讲解训练。

张学良旧居的石雕分布于建筑的各个角落，特别是四合院里，石雕的数量之多，艺术水平之高，包含内容之广泛，在近代建筑中也是很少见的。在这些石雕中，有的画幅带有文字题款，用来揭示画面上花鸟景物和吉祥动物的寓意。题款上标有创作者的姓名、籍贯和创作时间，这也是与古代宫廷、庙宇雕刻不同的地方，也体现了房屋主人对匠人们创作的尊重。

下面我给大家着重介绍一下张学良旧居门房的石雕。

大家请看，大门正房两个山墙犀头下的础石上，各有三幅石雕，以花鸟草木为主要内容，配以吉祥题款的诗句。

东侧础石正面雕有松柏和牡丹，题款为"富贵常春"。面向正门（即向西）的一面，上面有一顶横条幅，下面有一大幅石雕。顶横条幅雕有桃花和飞燕，题款为"桃燕争春"。大幅石雕雕有怪石和菊花，题款是一首菊花诗。

西侧础石与东侧相对，其正面大幅是石级和莲花，题款为"莲升及第"，寓意为"连连升官"。向内（即向东）的顶横条幅雕有柳树双燕，题款为"柳燕可和春"。下面大幅石雕是怪石兰草图，题款是一首咏兰诗。

把正门两幅山墙础石的石雕联系起来看，其正面为"升官发财"（富贵常春和莲升及第），里侧以菊、兰清雅为题而寓秋，以"桃燕争春"、"柳燕可和春"而表春，春秋乃历史，有长存之意。由此可见，在张学良旧居营造之时，主人及设计者的良苦用心。

三、实地口语导游常用讲解方法

1. 概述法

概述法是导游员就旅游城市或景区的地理、历史、社会、经济等情况向游客进行概括性的介绍，使旅客对即将参观游览的城市或景区有一个大致的了解和轮廓性认识的一种导游讲解方法。这种方法多用于导游员接到旅游团后坐车驶往下榻饭店的首次沿途导游中，它好比是交响乐中的序曲，能起到引导游客进入特定的旅游意境，初步领略游览的奥秘的作用。

【举例】

下面我给大家简要介绍一下：

沈阳，是辽宁省的省会，位于辽宁省中部，是东北地区经济、文化、商贸和交通中心，总面积1.298万平方千米，总人口920.4万人。沈阳地处中国东北地区的南部，属温带大陆性季风气候，年平均气温6.7～8.4℃，四季分明，是一座闻名遐迩的优秀旅游城市。

沈阳有密集的高速铁路、高速公路、城际铁路网及作为中国八大区域性枢纽机场之一的桃仙机场，把沈阳与国内外城市连接在一起。

沈阳又是一座历史悠久的文化名城。1625年，清太祖努尔哈赤建立的后金政权迁都于此，后将沈阳改称为盛京，1636年，皇太极在这里改国号为"大清"，成就了沈阳"一朝发祥地，两代帝王都"的美誉。沈阳故宫是除了北京故宫，中国现存的宫殿建筑群中保存最完好的皇家宫殿。沈阳故宫、盛京三陵（清永陵、清福陵、清昭陵）被列入《世界遗产名录》。沈阳也见证了近代中国历史风云变幻。张学良旧居作为张作霖及其长子张学良将军的官邸和私宅，是目前东北地区保存最完好的名人故居。在"九一八"事变发生地建立的历史博物馆，每年有近百万游客来这里缅怀历史，警醒自强。

沈阳不仅是一座历史文化名城，还是一座工业重镇，是一座记录中国工业由弱变强、振兴发展历史的鲜活"博物馆"，深厚的工业文化和独特的工业旅游吸引着海内外游客的目光。

沈阳有丰富的冰雪旅游资源，沈阳冬季气温常年保持在-10℃左右，是天然的冰雪运动胜地，现已开发棋盘山冰雪大世界、沈阳东北亚滑雪场、沈阳白清寨滑雪场、沈阳怪坡国际滑雪场等滑雪场，提供高山滑雪、森林滑雪、大众滑雪等众多运动项目。沈阳的温泉资源也非常丰富，已经建成沈北温泉旅游聚集区、于洪温泉旅游度假区、沈阳兴隆温泉城、辽中温泉旅游度假区等温泉旅游度假区，在冰天雪地里泡温泉一定会带给您难以忘怀的独特体验。

目前，沈阳主要的旅游景点有沈阳故宫、清永陵、清昭陵、清福陵、张学良旧居、沈阳方特欢乐世界、沈阳市植物园、沈阳"九·一八"历史博物馆、中国工业博物馆、沈飞航空博览园、辽宁省博物馆、周恩来同志少年读书旧址等。

游客朋友们，沈阳概况就介绍到此，下面就让我们一起领略它的"一朝发祥地，两代帝王都"的魅力吧！

2. 分段讲解法

分段讲解法就是对那些规模较大、内容较丰富的景点，导游员将其分为前后衔接的若干部分来逐段讲解的导游讲解方法。一般来说，导游员可首先在前往景点的途中或在景点入口处的示意图前介绍景点概况，包括历史沿革、占地面积、主要景观名称、观赏价值等，使游客对即将游览的景点有初步印象，达到"见树先见林"的效果。然后带团到景点顺次游览，并进行导游讲解。在讲解某一部分的景观时注意不要过多涉及下一部分景观，但要在快结束这一部分景观的游览时适当地讲下一部分景观的内容，从而引起游客对下一部分景观的兴趣，使导游讲解环环相扣、景景相连。

【举例】

沈阳故宫是我国保存完好的两座古代宫殿建筑群之一，它始建于后金天命十年（1625年），基本建成于清崇德元年（1636年），是清代开国时期清太祖努尔哈赤和清太宗皇太极建造并使用过的宫殿。1644年清朝迁都北京后，康熙、乾隆、嘉庆、道光四位皇帝多次东巡、拜祭祖先，乾隆时期又有大规模的增建和扩建。

按照建筑布局和建造先后，沈阳故宫可分为3个部分：东路、中路和西路。东路包括努尔哈赤时期营建的大政殿和十王亭，是沈阳故宫最早期的建筑，是努尔哈赤和皇太极举行大典和行使权力的地方。大政殿正北居中，两侧辅以方亭十座，俗称"八旗亭"，又称"十王亭"，是左右翼王和八旗首领议事办公的地方。

中路是皇太极时期营建的大内宫阙，以大清门、崇政殿、凤凰楼、清宁宫为主体，是沈阳故宫主要使用部分，清朝定都北京的第一位皇帝——顺治皇帝就是在这里出生的。

西路主要包括乾隆为贮藏《四库全书》而建的文溯阁以及皇帝东巡驻跸盛京行宫时举行宴会和赏戏的戏台、嘉荫堂、仰熙斋等。

3. 突出重点法

突出重点法就是在导游讲解中不面面俱到，而是突出某一方面的导游讲解方法。一处景点，要讲解的内容很多，导游员必须根据不同的时空条件和对象区别对待，有的放矢地做到轻重搭配，重点突出，详略得当，疏密有致。导游讲解时一般要突出景点的独特之处、突出具有代表性的景观、突出游客感兴趣的内容、突出"……之最"的内容。

4. 问答法

问答法就是在导游讲解时，导游员向游客提问题或启发他们提问题的导游讲解方法。使用问答法的目的是活跃游览气氛，激发游客的想象思维，促使游客和导游员之间产生思想交流，使游客获得参与感与自我成就感。同时，还可避免导游员唱独角戏的灌输式讲解，加深游客对所游览景点的印象。

问答法包括自问自答法、我问客答法、客问我答法和客问客答法四种形式。

【举例】

导游员在带领游客游览泰山时，可以提问："各位游客，大家知道'五岳'是指哪五座山吗？"一般情况下，游客都能够回答出来，即使回答不完全或回答有误，游客的兴趣也会因此被调动起来，导游员可根据实际情况进行纠正或补充。

"'岳'在汉语中为高大的山的意思，'五岳'就绝对海拔和山体规模而言，并不是我国最高大的，但由于'五岳'之名是中国古代帝王封赐的，这些山都曾是历代帝王登基后举行盛大封禅活动的场所，故闻名天下。'五岳'一般是指东岳泰山、西岳华山、南岳衡山、北岳恒山、中岳嵩山。"

随后，导游员可进一步提问："'五岳'各自的特点是什么？"提问后可稍作停顿，观察游客的反应。如游客踊跃回答，应待游客回答后做总结或补充；如游客回答不出，再予以讲解。"东岳泰山以雄伟著称，西岳华山以险峻著称，南岳衡山以秀丽著称，北岳恒山以幽静著称，中岳嵩山以峻秀闻名。"

5. 虚实结合法

虚实结合法就是在导游讲解中将典故、传说与景物介绍有机结合，即编织故事情节的导游讲解方法。所谓"实"是指景观的实体、实物、史实、艺术价值等，"虚"则指与景观有关的民间传说、神话故事、逸事趣闻等。"虚"与"实"必须有机结合，但以"实"为主，以"虚"为辅，"虚"为"实"服务，以"虚"烘托情节，以"虚"加深"实"的存在，努力将无情的景物变成有情的导游讲解内容。导游员在讲解时还应注意选择"虚"的内容要"精"、要"活"。所谓"精"，就是所选传说故事是精华，与讲解的景观密切相关；所谓"活"，就是使用时要灵活，见景而用，即兴而发。

例如，在运用科学原理解释杭州西湖成因的同时，通过讲解"西湖明珠从天降，龙飞凤舞到钱塘"的传说增加杭州西湖的神话色彩，赞美西湖的圣洁，虚实结合，相得益彰。

6. 触景生情法

触景生情法就是在导游讲解时见物生情、借题发挥的一种导游讲解方法。在导游讲解时，导游员不能仅就事论事地介绍景物，还要借题发挥，利用所见景物制造意境，使游客产生联想，从而领略其中妙趣。触景生情法的第二个含义是导游讲解的内容要与所见景物和谐统一，使讲解情景交融，让游客感到景中有情、情中有景。触景生情贵在发挥，要自然、正确、切题地发挥。导游员要通过生动形象的讲解、有趣而感人的语言，赋予景物以生命，注入情感，引导游客进入审美对象的特定意境，从而使他们获得更多的知识和美的享受。

【举例】

在游览西安半坡遗址时，如果导游员只是向游客平淡地介绍打磨的石器、造型粗糙的陶器，游客就会感到枯燥乏味。如果导游员在讲解中营造出一种意境，为游客勾画出一幅半坡先民集体劳动、共同生活的场景："在六七千年前的黄河流域，就在我们脚下的这片土地上，妇女们在田野上从事农业生产，男人们在丛林中狩猎、在河流中捕鱼，老人和孩子们在采集野果。太阳落山了，先民们聚集在熊熊燃烧的篝火旁公平合理地分配着辛勤劳动的成果，欢声笑声此起彼伏……半坡先民们就是这样依靠集体的力量向大自然索取衣食，用辛勤艰苦的劳动创造了光辉灿烂的仰韶文化。"游客就会产生一种直观感受。

7. 制造悬念法

制造悬念法就是导游员在导游讲解时提出令人感兴趣的话题，但故意引而不发，激起游客的兴趣，使其急于知道答案的导游讲解方法，俗称"吊胃口""卖关子"。通常，导游员先提起话题或提出问题，激起游客的兴趣，但不告知下文或暂不回答，让游客去思考、去琢磨、去判断，最后才讲出结果。这种"先藏后露、欲扬先抑、引而不发"的手法，一旦"发（讲）"出来，会给游客留下特别深刻的印象。制造悬念法是导游讲解的重要手法，在活跃气氛、制造意境、激发游客游览兴趣等方面往往能起到重要作用，导游员都比较喜欢用这一方法。但是，"悬念"不能乱造，以免起反作用。

例如，参观世界文化遗产——湖北钟祥明显陵，游客看到陵前的外明塘时困惑不解，导游员不失时机地介绍："明塘是显陵的独特设置，不仅有外明塘，里面还有内明塘，那么显陵为什么要在陵前设置明塘呢？请大家边参观边思考，等到了明楼我再告诉大家答案。"这就给游客留下了一个悬念。游客登上明楼后，导游员再告诉游客："明塘含有龙珠喻义，如果说龙形神道犹如一条旱龙，那么九曲御河就好似一条水龙，两龙交汇于明塘，构成了双龙戏珠的奇特景观。"

8. 类比法

类比法就是在导游讲解中用景物对比，以熟喻生，以达到类比旁通的一种导游讲解方法。导游员将游客熟悉的事物与眼前的景物进行比较，既便于游客理解，又使游客感到亲切，从而达到事半功倍的导游效果。

类比法可分为同类相似类比和同类相异类比两种。

同类相似类比是将相似的两物进行比较，便于游客理解并使其产生亲切感。

例如，将北京的王府井比作日本东京的银座、美国纽约的第五大道、法国巴黎的香榭丽舍大街；参观苏州时，将其称作"东方威尼斯"（马可·波罗称苏州为"东方威尼斯"）；讲到梁山伯和祝英台或《白蛇传》中的许仙和白娘子时，将其称为中国的"罗密欧和朱丽叶"。

同类相异类比是将两种同类但有明显差异的风物进行比较，比出规模、质量、风格、水平、价值等方面的不同，以加深游客的印象。

例如，在规模上将唐代长安城与拜占庭帝国的首都君士坦丁堡相比；在价值上将秦始皇陵地宫宝藏同古埃及第十八朝法老图坦卡蒙陵墓的宝藏相比；在宫殿建筑和皇家园林风格与艺术上，将北京故宫和巴黎凡尔赛宫相比，将颐和园与凡尔赛宫花园相比等：不仅使游客对中国悠久的历史文化有较深的了解，而且对东西方文化的差异有进一步的认识。

要想正确、熟练地使用类比法，导游员需要掌握丰富的知识，熟悉游客的来源地，对相比较的事物有比较深刻的了解。面对来自不同国家和地区的游客，要将他们知道的风物与眼前的风物相比较，切忌作胡乱、不相宜的比较。

9. 妙用数字法

妙用数字法就是在导游讲解中巧妙地运用数字来说明景观内容，促使游客更好地理解的一种导游讲解方法。导游讲解中离不开数字，因为数字是帮助导游员精确地说明景物的历史、年代、形状、大小、角度、功能、特性等方面内容的重要手段之一，但是使用数字必须恰当、得法，如果运用得当，就会使平淡的数字散发奇妙的光彩；否则，就会令游客产生索然无味的感觉。运用数字忌讳平铺直叙，因为导游讲解不同于教师授课，一味地强调多大、多小、多宽等大量的枯燥数字，会使游客心生厌烦。使用数字讲究"妙用"。

【举例】

北京天坛祈年殿殿内柱子的数目，据说也是按照天象建立起来的。其中，内围的四根"龙井柱"象征一年四季；中层的十二根"金柱"象征一年十二个月；外层的十二根"檐柱"象征一天十二个时辰。中层和外层相加共二十四根，象征一年二十四个节气。三层总共二十八根，象征天上二十八星宿。再加上顶端的八根铜柱，总共三十六根，象征三十六天罡。

10. 画龙点睛法

画龙点睛法就是导游员用凝练的词句概括所游览景点的独特之处，给游客留下突出印象的导游讲解方法。

【举例】

例如，导游员可用"美丽、富饶、古老、神奇"来赞美云南风光；用"古、大、重、绿"四个字来描绘南京风光特色；总结青岛风光特色可用"蓝天、绿树、红瓦、金沙、碧海"五种景观来概括。又如，游览颐和园后，游客可能会对中国的园林大加赞赏，这时导游员可指出，中国古代园林的造园艺术可用"抑、透、添、夹、对、借、障、框、漏"九个字概括，并帮助游客回忆在颐和园中所见到的相应景观。

导游讲解常用的方法技巧还有很多，如点面结合法、引人入胜法、启示联想法、谜语竞猜法、知识渗透法等，它们都是导游员在工作实践中提炼、总结出来的。在具体工作中，各种导游方法和技巧都不是孤立的，而是相互依存、相互联系的。导游员在学习众家之长的同时，还应结合自己的特点融会贯通，在实践中形成自己的导游风格和导游方法，并视具体的时空条件和对象，灵活、熟练地运用，这样才能获得良好的导游效果。

范文示例

黄山导游词（节选）

[欢迎词]

子曰："有朋自远方来，不亦乐乎？"首先我代表安徽××旅行社欢迎大家的到来，我是大家的导游员王×，可以叫我小王或王导。在我旁边的是司机李师傅，他车技娴熟，开车技术一流，有他为大家保驾护航，相信这一路将畅通无阻。接下来的两天我将为大家服务，希望我的服务能令大家满意。预祝大家旅途愉快，让你们快乐而来，满意而归。

[黄山概况]

接下来我们就要到黄山风景区了，我先为大家介绍一下黄山吧。黄山，是我国十大风景名胜地之一，也是全国唯一拥有世界文化遗产、世界自然遗产和世界地质公园三项世界级桂冠的景区。

人们都说"天下名景集黄山"。的确，黄山既有南方山地的俊秀，又有北方山地的雄伟。我国明代地理学家、旅行家和文学家徐霞客曾经这样评价黄山："薄海内外之名山，无如徽之黄山。登黄山，天下无山，观止矣！"被后人引申为"五岳归来不看山，黄山归来不看岳"。黄山是一座著名的花岗岩名山。泰山之雄伟，华山之险峻，衡山之烟云，庐山之飞瀑，雁荡山之巧石，峨眉山之清秀，黄山无不兼而有之。最为著名的要数黄山五绝：奇松、怪石、云海、温泉、冬雪。除五绝外，黄山的瀑布、日出、晚霞和佛光也是十分壮观与奇丽。黄山四季分明：春天青峰滴翠，山花烂漫；夏天清凉一片，处处飞瀑；秋天天高气爽，红叶如霞；冬天则银装素裹，冰雕玉砌。无论您何时来黄山，都能充分感受到那说不完、道不尽的美。

[过渡]

俗话说"百闻不如一见",现在就让我们去游览这风景如画的黄山吧！大家请带好随身物品准备下车。

朋友们，首先我们来到的是风景绮丽的云谷寺。云谷寺位于黄山后山，这里交通便利，是上下山的主要通道。

[云谷寺]

现在我们已经到达云谷寺了，咦，云谷寺在哪儿呢？大家肯定有这个疑问，由于当年云谷寺遭遇火灾，所有的寺庙都已不复存在了，只剩下庙基。大家不要感到遗憾。看，在我们面前不是有很多奇峰怪石吗？这里有因为山上长满松树、个个粗壮高大如罗汉而得名的罗汉峰；还有香炉峰，因峰头常有白云飘逸，犹如香炉上青烟缭绕而得名。此外，还有刻有"仙人榜"字样的奇石峰。我们继续前往游览吧。

[始信峰]

大家抬头向右看，这座奇秀的山峰就是大名鼎鼎的始信峰啦。在黄山三十六小峰中，它既有刚柔之气，又有阴柔之美。到了始信峰才相信黄山天下奇，始信峰这个名字就这样产生啦。始信峰上的奇松是最奇特的，有"不到始信峰，不见黄山松"之说。大家看这棵黑虎松，相传有个和尚路过此地，见到一黑虎盘踞于此，可是一眨眼的工夫就不见了，只剩下这棵古松，于是就叫它"黑虎松"。

[清凉台]

游客朋友们，我们现在来到的是有"黄山第一台"之称的清凉台，这里是观看云海和日出的最佳位置。大家顺着我的手往前看，是不是看到一块岩石很像猪八戒呢？在它前面有一块圆石，犹如西瓜，此景被称为"猪八戒吃西瓜"。大家再来看眼前这口青铜大钟。黄山风景区将这口青铜大钟安放在这里，给予人们美好的希望。

[登山]

请大家跟我来，我们现在开始登山。刚开始登山时也许你兴致很高，登山速度很快，但或许很快你就会感到登山太艰难，如果有树枝钩住了你的衣裤，你也许会着急；再加上脚下磕磕绊绊，可能会使你登山兴致全无。这时你要记住一句话：山上有意想不到的风景在等着你呢。

[光明顶]

好了，各位游客们，光明顶到了。光明顶是黄山第二高峰，海拔 1860 米。黄山的前山、后山是以此为界的。站在这里可以一览东南西北和天海，正所谓五海烟云尽收眼底啊。民间有句谚语叫"不到光明顶，不见黄山景"。今晚，我们将留宿此地，明天一早就在此观看日出，之后带大家去玉屏楼景区。现在大家可以去休息了。

[欢送词]

今天的活动到此就要结束了。非常感谢大家对导游工作的支持和配合。欢迎大家下次再来观光旅游。祝大家一路顺风，万事如意！现在就让我们带着愉快的心情踏上归途吧。

点评解析

1. 结构和内容分析

欢迎词：内容简洁，开门见山，表达出能接待游客的荣幸、提供服务的诚挚心愿和祝愿旅途愉快的美好愿望。

景点讲解词：首先以文人墨客对黄山的评价为引子，激发游客的游览兴趣；接下来介绍了黄山概况，按照游览线路介绍了云谷寺、始信峰、清凉台等景点，主题鲜明；最后提示了登山的注意事项，升华了只要肯登攀、无畏艰难的登山精神。

欢送词：言简意赅，符合欢送词基本规范。

2. 语言特色分析

整篇导游词在语言风格上符合导游词讲解口语化的要求，语言生动形象，虚实结合，有趣味性，旁征博引，知识性强，文学水平高。

3. 讲解方法分析

这篇导游词使用的讲解方法众多，讲解起来抑扬顿挫、重点突出、虚实结合、生动有趣，主要讲解方法如下：

1）概述法：运用概述法介绍了黄山获得的荣誉、历史、文化等基本信息，简明扼要，让游客对黄山有一个初步的了解。

2）画龙点睛法：在讲到黄山景观特点时，用黄山"五绝"高度概括：奇松、怪石、云海、温泉、冬雪。画龙点睛法用得恰到好处。

3）问答法："咦，云谷寺在哪儿呢？大家肯定有这个疑问，由于当年云谷寺遭遇火灾，所有的寺庙都已不复存在了，只剩下庙基。"此处运用问答法，先提问，引导游客思索，随后给出答案，让游客有更深的印象。

4）虚实结合法："大家看这棵黑虎松，相传有个和尚路过此地，见到一黑虎盘踞于此，可是一眨眼的工夫就不见了，只剩下这棵古松，于是就叫它'黑虎松'。"虚实结合，相得益彰。

创作训练

运用本项目中所学习的导游讲解常用方法的相关知识，对在本项目任务一中所创作的导游词进行修改、完善。要求：①把握导游词的创作要求，注重口语化；②进一步突出导游词的主题和重点；③灵活运用导游讲解常用技巧。

讲解训练

注意灵活运用导游讲解口头语言表达要领和体态语言运用要领，对修改的导游词进行讲解训练。

1. 方法

角色训练法：学生分组，每组 3～5 人，轮流扮演导游、游客、评分员。

2. 要求

1）每个学生都要扮演相应的角色。

2）课下认真演练、准备，选择最优秀的一组在课堂上完成角色扮演。

3）根据训练完成情况，进行自评、小组互评和教师评价（表 1.2），从而确定个人学习收获、能力水平和努力方向。

表 1.2 导游词讲解训练评分表

评价项目		评价内容	分值	自评	小组互评	教师评价
讲解展示	口头语言表达	音量大小适度	10			
		语调抑扬顿挫	10			
		语速快慢相宜	10			
		停顿长短合理	10			
	体态语言运用	表情语	10			
		目光语	10			
		姿态语	10			
		手势语	10			
	讲解方法	导游讲解方法运用恰当，充分表达讲解内容	20			
总分			100			
努力方向						

拓展学习

导游词讲解中与游客沟通的技巧

在导游词讲解中，与游客沟通的技巧至关重要，关乎游客的旅游体验。以下是一些实用技巧：

1. 与游客建立良好关系

（1）热情友好开场

初次见面时，以热情的笑容、亲切的问候和真诚的态度迎接游客，如"大家好，欢迎各位加入这次愉快的旅程"，拉近与游客的距离。

（2）记住游客信息

努力记住游客的姓名、特征等，在讲解中适当称呼，如"张大哥，您看这边的风景"，让游客有被重视的感觉。

（3）展现专业自信

通过清晰、准确的讲解，展现对景点的深入了解和专业素养，赢得游客的信任。

2. 倾听与回应

（1）认真倾听

给游客充分表达想法和意见的机会，讲解时留意游客的表情和反应，对游客的提问专注倾听，不打断。

（2）及时回应

对游客的问题和意见及时给予回应，若当场无法回答复杂问题，可诚实地说明会后续查询告知，如"这个问题很专业，我回去查一下，一定给您准确答案"。

3. 调整讲解方式

（1）根据反馈调整

若游客表现出困惑或不感兴趣，及时调整讲解内容和方式，如加快或放慢语速、改变讲解深度等。

（2）适应游客特点

针对不同年龄、文化背景的游客，采用不同的沟通方式和讲解内容，如对老年游客可多讲历史文化，对年轻游客可结合时尚元素或趣闻逸事讲解。

4. 营造轻松氛围

讲解中可穿插幽默风趣的语言或小故事，缓解游客疲劳，如"这棵树啊，可是见证了很多历史故事"。

课后任务

1）举例说明，如何根据服务对象的不同提供差异化的导游讲解服务。
2）在智慧旅游的大背景下，如何更好地提供导游讲解服务？

项目二 欢迎词与欢送词的创作与讲解

任务一 欢迎词的创作与讲解

任务导入

某日，国内某旅行社新入职的导游员小李在师父的带领下接待来自外地的亲子旅游团。旅游团抵达后，小李热情地招呼游客上大巴车，年轻的小李与小朋友们很快就打成一片。大巴车出发后，小李的师父对游客们说："请大家静一静，我们的新晋孩子王小李要向大家说点事情。"那么，小李要向游客们说些什么呢？

学习目标

※ 知识目标

● 了解欢迎词的作用。
● 理解并掌握规范欢迎词的五要素。
● 熟悉欢迎词的不同风格。

※ 能力目标

● 能够运用不同风格自然、流利且规范地致欢迎词。

※ 素质目标

● 热爱导游工作，树立游客第一、服务至上的服务理念和职业道德。

学习重点与难点

重点：掌握欢迎词的五要素。
难点：运用不同风格自信从容地致欢迎词。

基本知识

一、欢迎词的构成

"欢迎词"意味着一段旅行的开始，决定着导游员能否给游客留下良好的第一印象。"欢迎词"不仅要让游客认识导游员，而且要让游客感受到导游员的热情、专业、真诚，因此导游员要努力展示自己的个人风采，抓住这一绝佳的机会给游客留下深刻而美好的第一印象。规范的欢迎词通常包括五要素：

1）欢迎问候，即代表接待社、组团社热烈欢迎游客的到来。

2）介绍人员，即介绍导游员和司机，让游客对导游员和司机有初步的认识。

3）介绍行程，即向游客简要介绍所在城市和接下来的行程安排。

4）表达诚挚服务的态度，即乐意为游客提供热情的服务，尽可能做到让游客满意。

5）预祝顺利，即希望旅途愉快、顺利，期望获得游客的理解与支持，预祝游览成功，旅途愉快、开心。

二、欢迎词的不同风格

1. 常规式

常规式欢迎词是指运用欢迎词的基本要素简要地表达欢迎的欢迎词。

【举例】

各位游客朋友们，大家好！我是××旅行社的导游员李欣，大家可以叫我小李，在此我谨代表××旅行社热烈欢迎大家的到来。在我右手边的这位是司机王师傅，我和王师傅会竭力为大家服务。大家在旅途中遇到任何问题都可以随时找我，我会竭尽所能为大家解决。在为大家服务的过程中难免会有做得不够好的地方，也请大家批评指正，我会虚心改正。最后，祝愿大家能在这次旅途中玩得开心，吃得放心，住得舒心！

常规式欢迎词比较适用于常规的旅游团，内容比较规范，但缺乏亲切感，且不够生动。

2. 自然式

自然式欢迎词是指运用亲切自然的语言、真挚的感情、平和的语气表达欢迎的欢迎词。

【举例】

游客朋友们，大家好！很高兴在这秋高气爽的日子里和大家见面，欢迎大家来到美丽的山城——重庆。可能咱们当中有一些人是第一次来重庆，希望在我们的陪伴下能够带给您不一样的重庆之旅。首先，我来介绍一下自己，我是来自××旅行社的导游员小张，我身边的这位是司机张师傅，张师傅有 20 年的驾龄，他将和我一起为大家提供优质的服务，希望在我和张师傅的带领下，大家能够玩得愉快。如果在旅途中我有做得不够好的地方，希望大家多提宝贵意见，我会认真听取并总结改正。最后，祝愿大家在接下来几天的旅途中能放松心情、喜欢重庆。

自然式欢迎词比较适用于以休闲度假为目的的旅游团，自然、亲近，容易与游客拉近距离。

3. 幽默风趣式

幽默风趣式欢迎词是指运用幽默、调侃的语言，以轻松、活泼的形式表达欢迎的欢迎词。

【举例】

大家早上好呀！哎呀，把大家都吵醒了。既然大家都醒了，那就请大家抬头看一看吧。大家看到了这么一个玉树临风、风流倜傥的导游员站在你们面前，可不可以给点鼓励的掌声？感谢大家的掌声，谢谢大家的支持，我在大家热烈的掌声中有点迷失自我了，有点飘呀。稳住，稳住，我飘了就没人为大家服务了。接下来还得让大家认识认识我。正式做个自我介绍吧！……

幽默风趣式欢迎词比较适用于以年轻人为主的旅游团，幽默轻松的语言能够迅速拉近与游客的距离，营造轻松的气氛。

4. 抒怀式

抒怀式欢迎词是指运用充沛的感情抒发出富有感染力的欢迎词。

【举例】

女士们、先生们，欢迎来到杭州。在来杭州之前，您一定听说过"上有天堂，下有苏杭"这句话。事实上，杭州被比作人间天堂，很大程度上是因为西湖。几千年来，西湖的景色显示出它持久的魅力，许多人对它一见钟情。就连唐代诗人白居易在离开杭州时，也仍在思念西湖："未能抛得杭州去，一半勾留是此湖。"

抒怀式欢迎词比较适用于较感性的老年人和以女性为主的旅游团，能够获得共情，并且有助于提高游客的兴致。

5. 安抚式

安抚式欢迎词是指温柔体贴、充满爱心的欢迎词。

【举例】

很高兴能在茫茫人海中与大家相遇，这是我们的缘分。今天虽然天公不作美，但是俗话说"天要下雨，娘要嫁人"，让它下吧。你们可能不知道这雨可是很多人可遇不可求的哦，之前就有专业的摄影师足足等了一个多月才等到下雨呢！这里可是"晴湖不如雨湖"，变幻朦胧，大家稍后的行程可就能一饱眼福啦。

安抚式欢迎词比较适用于遇到事情情绪比较低落的游客，可以让游客消除焦虑与不快。

范文示例

欢 迎 词

游客朋友们，大家好，很高兴能在这里与大家见面，欢迎大家来此参观游览，我很荣幸能为大家服务。自我介绍一下，我是大家这次旅途的导游员，我叫李雨顺，大家可以叫我小李或者顺子，希望我们这次旅行可以像我的名字的寓意一样一切顺利。坐在我右手边驾驶座上正在专心开车的师傅是张师傅，张师傅有着 20 年的驾龄，驾驶经验丰富，而且是个热心肠。在接下来的行程中，我和张师傅会尽心为大家服务，大家有任何问题，都可以来找我，我将竭尽全力为大家解决。我们共有 7 天的行程，我将会带领大家游览本地的著名景点，领略旖旎的风光。最后，预祝大家的行程就如我的名字的寓意一样顺心顺意。

点评解析

本篇欢迎词 200 多字，简明扼要、结构完整。欢迎问候、介绍人员、介绍行程、表达诚挚的服务态度、预祝顺利五个方面的内容齐全且规范。本篇导游词语言生动，表达清楚，导游员真实自然地将自己的名字运用到欢迎词中，语言运用合理、亲切，让游客听起来非常舒服。本篇欢迎词的创新在于导游员在自我介绍时说"我是大家这次旅途的导游员，我叫李雨顺，大家可以叫我小李或者顺子，希望我们这次旅行可以像我的名字的寓意一样一切顺利"，这样的介绍能让游客快速记住导游员的名字；在祝愿语中说"最后，预祝大家的行程就如我的名字的寓意一样顺心顺意"，前后呼应，让人听了有一种"顺心畅快"的感觉。所以，结合自身的姓名特点进行导游词创作，也是一种创新。

创作训练

结合所学内容，根据自身特点，自定游客对象创作一篇欢迎词。要求：①风格自选，可以从常规式、自然式、幽默风趣式、抒怀式及安抚式中自选一种；②结构完整，欢迎问候、介绍人员、介绍行程、表达诚挚的服务态度、预祝顺利五个方面的内容缺一不可；③字数在 200～300 字。

讲解训练

1. 方法

角色训练法：学生分组，每组 4～6 人，轮流扮演导游员、游客、评分员，进行欢迎词讲解角色训练。

2. 要求

1）角色要轮换，每个学生都要扮演不同的角色。

2）课下认真演练、准备，每组选出最优秀的表演团队在课堂上展现。

3）根据训练的完成情况，进行自评、小组互评和教师评价（表 2.1），从而确定个人学习收获、能力水平和努力方向。

表 2.1　欢迎词讲解训练评分表

评价项目	评价内容	分值	自评	小组互评	教师评价
训练准备	积极主动参加小组训练讲解活动	10			
	熟练掌握欢迎词讲解的基础知识	10			
讲解展示	服装得体、容貌整洁、发型规范、化妆自然	10			
	举止得当、姿态规范	10			
	知识讲解完整、正确，重点突出，层次分明，思路清晰，逻辑性强	10			
	普通话标准、流利，吐字清晰，语速适中，语言生动，能引起共鸣	10			
	能灵活运用导游讲解的方法和技巧，能调动游客的积极性	10			
	自创导游词编写新颖、有创意	10			
	顺利完成范文景点实例讲解	10			
	顺利完成自创景点实例讲解	10			
总分		100			
努力方向					

拓展学习

欢迎词讲解技巧

欢迎词的语言要热烈、简洁、通俗。欢迎词的讲解要亲切真诚,感情要真挚,努力营造友好、和谐的气氛。欢迎词应该具备这样的功能:让游客在第一时间感受到导游员的能力和专业,让游客知道导游员是来为他们服务的,他们能按照导游员的安排得到完美的旅行体验。与此同时,向游客展示导游员是一个值得信赖的朋友,是团队中的一员。

欢迎词中一定要包括详细的行程,记得通知每位游客,让他们知道所有的行程,并提示一些细节,尽量避免一些麻烦。

介绍司机时,最好让游客与司机互动,活跃整个旅游团的氛围。

课后任务

你是北京某旅行社的导游员,接待来自上海的商务旅游团一行 10 人,在从机场到酒店的路上你将如何致热情洋溢的欢迎词呢?

任务二 欢送词的创作与讲解

任务导入

导游员小李正站在一群即将踏上归途的游客中间。小李知道,这段旅程虽然即将结束,但旅行中建立的情感联系和美好回忆将永远留在每个人的心中,现在是时候准备一段特别的欢送词,来为这次美好的旅行画上圆满的句号了。他思索着该如何讲,才能既表达对游客这几天来相处的感激之情,又巧妙地总结这次旅行的亮点,同时给予游客未来生活的美好祝愿。

学习目标

※ 知识目标

● 了解欢送词的重要性。
● 理解并掌握规范欢送词的内容。
● 熟悉欢送词的不同风格。

※　能力目标

● 能够自然、流利且规范地致欢送词。

※　素质目标

● 具有爱国主义意识，自觉维护国家利益和民族尊严。

学习重点与难点

重点：掌握欢送词的内容。
难点：运用不同风格自信从容地致欢送词。

基本知识

一、欢送词的内容

旅游活动接近尾声时，导游员在送行服务中向游客致欢送词，以表达惜别及感谢之情，给导游工作画上圆满的句号。欢送词的内容主要包括以下五大要素。

1. 依依惜别

导游员会和游客回忆这段时间他们参观的景点和参与的活动，这会给游客一种归纳和总结的感觉，将感性知识提高到理性的认识。送别语中应该分别包含遗憾和怀念。在谈论这一内容时，面部表情要深沉，不能笑嘻嘻地给客人留下一种无所谓的感觉。例如："美好的时光总是短暂的，几天的行程即将结束，马上就要和大家说再见了。"

2. 感谢配合

导游员要借此机会对游客、领队、司机等的支持与配合表示感谢，使本次旅游活动圆满结束。例如："感谢大家对这次旅行的支持和合作，这次旅行取得了圆满成功。谢谢你们对我的无私帮助。"

3. 表达歉意

在欢送词中，导游员为自己在旅途中做得不够好的部分向游客道歉，以挽回导游员在游客心目中的形象。例如："如果我在整个旅途中有做得不够好的地方，请大家见谅，我想说声对不起，并希望得到你们的理解。"

4. 征求意见

请各位游客真诚地提出意见和建议，以便在以后的工作中改进和完善，并在下次提供更好的服务。例如："如果您对我的工作有任何意见或建议，请及时提出，以便我在以后的工作中纠正，为大家提供更好的服务。"

5. 美好祝愿

对游客致以最美好的祝愿，并期待团聚。同时祝各位游客平安、顺利到家。例如："祝您归程愉快，今后工作生活顺利，希望您有机会再来参观……"

二、欢送词的不同风格

1. 抒情式

导游员用深情的语言表达惜别之情，让游客感受到导游员的依依不舍之情。

【举例】

女士们、先生们，我们现在正在去机场的路上。大家透过车窗看到外面又下起了小雨。1000多年前，唐代大诗人王维送别他的朋友时作了《送元二使安西》这首诗：

渭城朝雨浥轻尘，客舍青青柳色新。劝君更尽一杯酒，西出阳关无故人。

今天，我也要在雨中送别我亲爱的朋友们。不同的是，王维的朋友要出阳关，那里没有亲人朋友，而我的朋友们是要返回家乡，去见亲朋好友。我们南京人经常说的一句话：下雨天要留下客人。我们的习俗是在下雨的时候，是不会让客人走的。一来下雨天路滑，走路不是很方便；二来下雨天无事，正是陪伴客人的好时候。但是，今天由于我们行程的安排，不得不在此与大家分开……

2. 总结式

导游员用平实的语言简要回顾一同游览的情景，并表达对游客的依依惜别之情，感谢游客的配合与理解，征求游客的建议，衷心祝福、期待重逢。

【举例】

亲爱的朋友们，当我们的大巴再次行驶在这条通往机场的路上时，我们的"四川之旅"即将结束。大家不远千里来到四川，而我刚好成为大家的导游员，这是多大的缘分啊。可现在不得不和大家说再见了。在短短的几天里，我们领略了浓郁的四川民俗风情。我还记得大家看"变脸"特技时好奇的眼神，还记得老茶馆里热闹的谈话，还记得火锅店里火热的场面。在一起的短短几天里，我们品味了成都灿烂的历史和文化。

我还记得武侯祠里每个人的庄严表情，杜甫草堂里的全神专注，望江楼里站立的身影。在这短短的几天里，是你们带给了我无数的欢笑，是你给了我莫大的支持，是你们让我有了更上一层楼的希望，谢谢你们的支持与理解，谢谢你们的温暖与善良。"天下没有不散的筵席"，但我相信我们还是会再相见的。也许这次旅行给你留下的印象不是太多，也许多年后你可能忘记了我们这次的相聚。但是，请不要忘记四川的好山好水，以及好客的四川人民！

范文示例

欢 送 词

亲爱的朋友们，我们的旅程到这儿基本上就要结束了，愉快的时光总是短暂的，非常不舍得跟大家说再见，在此送大家四个"yuan"吧。

第一个"yuan"呢，就是缘分的"缘"。中国有句俗话叫"有缘千里来相会，无缘对面不相逢。百年修得同船渡，千年修得共枕眠"，而我和大家这几天的共处，算算也应该是千年的缘分了！

第二个"yuan"呢，是原谅的"原"。在这短短的几天中，我肯定有一些做得不周到的地方，还请大家多多包涵，在此我向大家说声"对不起"！如果大家对我的工作有什么意见或建议，也请及时向我提出，以便我在今后的工作中改正，下次为大家提供更好的服务。

第三个"yuan"呢，就是圆满的"圆"。此次旅行在大家的欢声笑语中圆满结束，感谢大家对我工作的理解与配合，在此允许我向大家说声"谢谢"！

最后一个"yuan"呢，就是财源广进的"源"。希望大家在今后的生活中财源犹如滔滔江水连绵不绝，好运源源不断。

最后祝愿大家身体健康、一切顺利！

点评解析

该篇欢送词有300多字，用了4个同音字，表达出欢送词的五大基本要素，结构完整，内容新颖。第一个"缘"字说明了导游员与游客之间的缘分，表达出惜别之意；第二个"原"字是获得游客的原谅并且征求游客的意见；第三个"圆"字是表达对游客的感谢；最后一个"源"字是对游客的美好祝愿。这4个同音字的好寓意，能给人留下深刻的印象。欢送词在语言风格上以口语为主，亲切实在，生动形象。

创作训练

结合所学内容，根据自身特点，自定游客对象创作一篇欢送词。要求：①风格自选，可以从抒情式及总结式中自选一种；②结构完整，依依惜别、感谢配合、表达歉意、征求意见及美好祝愿五个方面缺一不可；③字数在 200～300 字。

讲解训练

1. 方法

角色训练法：学生分组，每组 4～6 人，轮流扮演导游员、游客、评分员，进行欢送词讲解角色训练。

2. 要求

1）角色要轮换，每个学生都要扮演不同的角色。
2）课下认真演练、准备，每组选出最优秀的表演团队在课堂上展现。
3）根据训练的完成情况，进行自评、小组互评和教师评价（表 2.2），从而确定个人学习收获、能力水平和努力方向。

表 2.2　欢送词讲解训练评分表

评价项目	评价内容	分值	自评	小组互评	教师评价
训练准备	积极主动参加小组训练讲解活动	10			
	熟练掌握欢送词讲解的基础知识	10			
讲解展示	服装得体、容貌整洁、发型规范、化妆自然	10			
	举止得当、姿态规范	10			
	知识讲解完整、正确，重点突出，层次分明，思路清晰，逻辑性强	10			
	普通话标准、流利，吐字清晰，语速适中，语言生动，能引起共鸣	10			
	能灵活运用导游讲解的方法和技巧，能调动游客的积极性	10			
	自创导游词编写新颖、有创意	10			
	顺利完成范文景点实例讲解	10			
	顺利完成自创景点实例讲解	10			
总分		100			
努力方向					

拓展学习

依依惜别的诗句

不少导游员在致欢送词时通常会引用一些古诗词来表达依依惜别之情，既体现了导游员的文化素养，又可以表达惜别之意，一举两得。

渭城朝雨浥轻尘，客舍青青柳色新。劝君更尽一杯酒，西出阳关无故人。（王维《送元二使安西》）

青山横北郭，白水绕东城。此地一为别，孤蓬万里征。浮云游子意，落日故人情。挥手自兹去，萧萧班马鸣。（李白《送友人》）

故人西辞黄鹤楼，烟花三月下扬州。孤帆远影碧空尽，唯见长江天际流。（李白《黄鹤楼送孟浩然之广陵》）

风吹柳花满店香，吴姬压酒唤客尝。金陵子弟来相送，欲行不行各尽觞。请君试问东流水，别意与之谁短长？（李白《金陵酒肆留别》）

李白乘舟将欲行，忽闻岸上踏歌声。桃花潭水深千尺，不及汪伦送我情。（李白《赠汪伦》）

寒雨连江夜入吴，平明送客楚山孤。洛阳亲友如相问，一片冰心在玉壶。（王昌龄《芙蓉楼送辛渐》）

下马饮君酒，问君何所之。君言不得意，归卧南山陲。但去莫复问，白云无尽时。（王维《送别》）

城阙辅三秦，风烟望五津。与君离别意，同是宦游人。海内存知己，天涯若比邻。无为在歧路，儿女共沾巾。（王勃《送杜少府之任蜀州》）

千里黄云白日曛，北风吹雁雪纷纷。莫愁前路无知己，天下谁人不识君？（高适《别董大》）

故关衰草遍，离别正堪悲。路出寒云外，人归暮雪时。少孤为客早，多难识君迟。掩泣空相向，风尘何所期。（卢纶《送李端》）

楚江微雨里，建业暮钟时。漠漠帆来重，冥冥鸟去迟。海门深不见，浦树远含滋。相送情无限，沾襟比散丝。（韦应物《赋得暮雨送李胄》）

课后任务

根据以下材料，创作一篇精彩的欢送词。

近日，有一新加坡旅游团一行 26 人到上海参加中国国际进口博览会，并完成了上海、苏州和杭州三地五日游，即将乘坐国际航班回新加坡。现在车子即将开到浦东国际机场，你作为一名接待该旅游团的导游员，请为游客们致欢送词。

项目三 沿途导游词创作与讲解

任务一 首次沿途导游词创作与讲解

任务导入

首次沿途导游是指旅游团队从抵站至首次停留的活动目的地沿途所提供的服务。首次沿途导游讲解工作是导游员展示知识、才能的重要机会。好的首次沿途导游讲解会使游客对导游员产生信任感，拉近游客与导游员之间的距离，因此，首次沿途导游讲解服务格外重要。通过对本任务的学习，掌握导游员首次沿途导游词的创作和讲解方法。

学习目标

※ 知识目标

● 了解首次沿途导游讲解服务的原则。
● 掌握首次沿途导游讲解的基本内容。

※ 能力目标

● 能够熟练运用导游讲解技能，进行导游模拟讲解。
● 能够编写首次沿途讲解导游词。

※ 素质目标

● 遵守职业道德，担负传承中华文化的使命。

学习重点与难点

重点：首次沿途导游词的讲解。
难点：首次沿途导游词的创作。

基本知识

一、首次沿途导游讲解的基本内容

首次沿途导游讲解工作是导游员展示知识、才能的好机会，成功的沿途导游讲解会使游客对导游员留下良好的第一印象。在讲解过程中，由于信息量很大，一定要做到有所侧重，对游客感兴趣的内容，可以适当进行补充。首次沿途讲解内容一般包含以下几个方面。

1. 旅游日程介绍

将游客在本地的活动日程安排言简意赅地告知游客，做好游客和导游员之间的信息沟通。

【举例】

各位游客，我们在沈阳的三天行程是这样安排的：今天是整个行程的第一天，我们现在从机场直接到酒店入住，路程大概是一个小时。明天在酒店用完早餐之后，上午九点钟我们出发前往我国保存完好的两座古代宫殿建筑群之一的沈阳故宫。下午，张学良旧居在等着我们呢！晚上，咱们再去尝一尝地道的沈阳名小吃老边饺子。第三天上午，我们将游览清太宗皇太极的陵寝——清昭陵，在沈阳著名的八大碗用过午饭之后，下午两点钟左右送大家到机场，结束我们这次沈阳三日游的旅程。

2. 沿途风光介绍

首次沿途导游，除了要介绍旅游车路过的景色，还要介绍市容特色、历史沿革及经济文化等内容，让游客对所到城市有一个整体的了解。

【举例】

各位游客，欢迎来到沈阳旅游！

我们现在看到的就是沈阳的母亲河——浑河。浑河是沈阳人民祖祖辈辈赖以生存的生命之源，千百年来孕育了沈阳的一方水土，养育了勤劳朴实、热情豪放的沈阳人。

我们现在所见到的桥是扩建后的青年桥。过了青年桥就是青年大街，青年大街是沈阳市南北主干道之一、金廊工程的主线。青年大街作为沈阳最忙碌的街道，贯穿着繁华沈阳的南北。在这寸土寸金的黄金地段耸立着诸多沈阳地标性建筑：沈阳科学宫、辽宁广播电视塔、辽宁工业展览馆、万象城、青年公园。青年大街北部有卓展购物中心、市府恒隆广场等。经过多年的改造和建设，如今的青年大街已经成为沈阳市的政治、经济、文化和金融中心，成为沈阳新世纪、新形象、新风貌的窗口，是一条名副其实的景观路。

3. 注意事项介绍

安全是一切旅游工作顺利开展的首要前提，注意事项的介绍是导游讲解服务的重要组成部分。例如，游客所乘坐旅游车的车牌号、时差的调整、自由活动时间、购物和用餐时间等相关的注意事项等，都要不厌其烦地多次、反复地提醒游客。

【举例】

各位来自新加坡的朋友，欢迎大家来到首都北京。北京与新加坡都处于东八区，所以北京与新加坡之间没有时差，大家不需要调整时差。另外，请大家记住我们的车牌号京B×××××，避免上错车。谢谢大家！

4. 下榻酒店介绍

在讲解服务中，快到下榻的酒店时，应向游客介绍该酒店的基本情况，主要包括酒店的名称、星级、规模、地理位置、周边环境及注意事项等相关内容。

【举例】

各位游客朋友们，我们很快就会到达在游览期间所要居住的地方——沈阳×××酒店。沈阳×××酒店是坐落于沈阳青年大街的五星级酒店，可直通K11购物艺术中心，紧邻浑河，夜幕降临更可置身于酒店客房远眺素有沈阳"大钻石"美誉的盛京大剧院。沈阳×××酒店拥有400间宽大舒适的客房，为客人提供优质的休息和安睡环境，配套设施齐全，交通便利，是商务、会议、旅行客户的理想下榻酒店。从酒店到沈阳桃仙国际机场仅需20分钟，酒店离沈阳故宫、张学良旧居等著名景点也不远。

二、首次沿途导游讲解的原则

导游员在进行首次沿途导游讲解时，需要注意以下三个方面。

1. 语言简洁，节奏感强

导游员在对沿途风光进行介绍时，就是展现导游员眼疾嘴快本领的时候。也就是说，导游员在做沿途导游讲解的时候，语言要简洁明快，节奏感强，给游客热情阳光、积极向上的感觉。

2. 同步讲解，掌握时机

在首次沿途导游的时候，讲解的内容要与景物同步，看到了什么再讲什么，同时也要和游客同步，保证所讲的内容都是游客能够见到或者感觉到的。要掌握好观赏时机，原则上沿途景观的观赏以旅游车前方客人视线所及的景点为主，要先让游客看到景点，再讲解该景点。

3. 先讲景物，再讲风情

游客初到一个地方，一般来说会对当地的景点景观特别感兴趣。导游员应该抓住游客的这个心理特征，先为游客讲解景点，等游客对当地的景点有所了解后，再介绍当地的风土人情，这样就不会显得突兀，也更加容易被游客理解和接受。

范文示例

云南丽江首次沿途讲解

各位远道而来的朋友，大家好！

[欢迎词]

首先我代表××旅行社，热烈欢迎诸位来到丽江观光旅游。我姓和，大家可以叫我小和。驾车的司机师傅姓木，木师傅有多年的驾车经验，有他为我们保驾护航，大家就可以轻轻松松、平平安安地跟我一起游览。在云南，凡是姓和、姓木的人，绝大部分是丽江纳西族人。希望我们的服务能在大家的心中留下美好而难忘的印象。

[行程介绍]

作为东道主，现在我想用丽江纳西族独有的方式为大家接风。我们的方式很简单，就是由我为大家演唱纳西族迎宾曲。"远方来的朋友喂，纳西家里来到了，来到了，坐一坐，坐一坐，山也欢，水也笑，纳西人家多欢喜，多欢喜。"祝愿大家心情舒畅，我和木师傅衷心祝愿大家在丽江度过一段舒心、愉快的美好时光。我们这个旅游团在丽江的停留时间是四天三晚，第一、第三晚入住×××宾馆，第二晚下榻泸沽湖××山庄。在此期间，我要带大家参观丽江古城、玉龙雪山、长江第一湾、虎跳峡、泸沽湖等几个主要的景点。

[机场介绍]

我们降落的丽江三义国际机场，坐落在与大理白族自治州鹤庆县交界的丽江市古城区七河镇境内，1995年建成通航。机场拥有两座航站楼，现已开通丽江至昆明、北京、广州、上海、成都、香港、西双版纳等多条航线，2023年旅客吞吐量达744万余人次。从机场到丽江市中心大约有28公里，乘车大约需要30分钟，我将利用这段时间给大家介绍一下沿途的风光和丽江的概况。

[历史沿革]

现在我们的车正行驶在大（理）丽（江）公路上，前面这座缓坡叫关坡，在古代这里是出入丽江古城的重要关隘，如今也是丽江的南大门。这里距昆明约550公里，坐上空调大巴南下大理需要3小时，到昆明需要6～8小时，早上还在四方街吃丽江粑粑，下午就可以到昆明吃过桥米线了。

说到这里，大家可能会问：为什么这里叫丽江呢？"丽江"一名，始于元朝至元十三年（1276年）设置行政区丽江路。《元史·地理志》记载：路因江名。就是说，"丽江"地名的由来最早起源于金沙江的古名"丽水"。

现在，我们的车过了关坡垭口，地势一下子变得平坦起来了，一个宽阔的山间盆地展现在眼前，这就是云南纳西族的主要聚居地，我们称之为"丽江坝子"。它是滇西北最大的高原盆地，面积近200平方公里，海拔2400米左右。丽江古城就坐落在坝子的中央。丽江古城早在1997年就被联合国教育、科学及文化组织列入《世界文化遗产名录》。

[气候]

丽江市虽然地处云南西北高原，终年可看见雪山，然而丽江市古城区冬季没有严寒，夏季没有酷暑，气候宜人。丽江市全年季节性气候差异明显，气候类型丰富多样，具有"一山分四季、十里不同天"的垂直气候特征，年平均气温12.6～19.9℃。丽江市的工业不多，自然很少受到污染，空气清新洁净，到处青山碧水，四季庄稼生长，尤其冬春季节，天空分外湛蓝，阳光充足，令人赏心悦目。

[文化]

纳西族最为著名的文化特色是3个活化石，即文字活化石——纳西东巴文字、音乐活化石——纳西古乐、人类社会活化石——摩梭人母系大家庭。纳西东巴文字，被称为世界上唯一活着的象形文字；至今仍在丽江流行的大型古典乐曲《白沙细乐》，被纳入国家级非物质文化遗产名录；泸沽湖畔摩梭人，至今仍保持着母系大家庭和不娶不嫁的阿夏走婚形态，为世所罕见。

[酒店介绍]

各位来宾，我们下榻的酒店到了。请大家带好随身物品准备下车。我们将下榻的酒店——×××酒店，是位于丽江古城核心区域内的精品客栈，距离四方街直线距离仅500米，步行不超过10分钟，出入古城内主要街道五一街、七一街都在2分钟行程内。客栈闹中取静，周边设施齐全，出行极其方便。客栈拥有在古城内难得的超过100平方米的完整院落，长年不断的溪水穿院而过。院子与房间的布置既有浓郁的纳西族的民族风情，又具有浪漫时尚风格。

[结语]

请大家到大堂后稍事休息，我和领队立刻给大家办理入住手续。大家进房间后首先请检查一下房间的物品是否齐备，可以洗洗脸，喝点水，休息一下。请记住，中午12点在一楼餐厅用餐。因为我们午饭后就直接到丽江古城游览，请带好下午参观游览的必需品。好的，现在我们可以下车了。谢谢大家的合作！

（资料来源：根据相关网络资料改编而成）

点评解析

该篇首次沿途导游词，结构完整，内容清晰，从欢迎词、行程介绍、机场介绍、历史沿革、气候、文化、酒店介绍七个方面介绍了丽江概况，让游客对导游员和丽江都有一个初步印象。语言连贯，简明扼要地介绍了整个旅程的安排，并时刻紧跟窗外景色，把握住了最佳的讲解时机。

创作训练

根据下列材料撰写一篇首次沿途导游词。要求：语言规范，表达得体，内容切题，条理清晰，符合导游语言要求。

导游员小王接待一个香港团到沈阳旅游，他在机场接团后，需要向香港游客做机场—酒店首次沿途讲解介绍。

讲解训练

将学生分组，每组中有一名导游、一名司机及若干名游客，每组依次进行首次沿途导游服务的模拟训练，模拟结束后进行自评、小组互评和教师评价（表3.1），从而确定个人学习收获、能力水平和努力方向。

表 3.1　首次沿途导游词训练评分表

评价项目	评价内容	分值	自评	小组互评	教师评价
训练准备	积极主动参加小组训练讲解活动	10			
	熟练掌握首次沿途导游词的内容	10			
讲解展示	服装得体、容貌整洁、发型规范、化妆自然	10			
	举止得当、姿态规范	10			
	知识讲解完整、正确，重点突出，层次分明，思路清晰，逻辑性强	10			
	普通话标准、流利，吐字清晰，语速适中，语言生动，能引起共鸣	10			
	能灵活运用导游讲解的方法和技巧，能调动游客的积极性	10			
	自创首次沿途导游词编写新颖、有创意	10			
	顺利完成范文首次沿途导游词实例讲解	10			
	顺利完成自创首次沿途导游词实例讲解	10			
总分		100			
努力方向					

📖 **拓展学习**

导游词的选材和立意

1. 导游词的选材

首先要有素材。一旦确定景点后就要搜集方方面面的相关素材，包括地理、历史、典故、逸闻与民情风俗等，要尽可能全面、详细。搜集材料的方法包括上网搜索、查阅文献档案、采风和田野调查等。在网上可能搜索到现成的导游词，但必须经过自己的消化与加工，才能写出具有个人特色的优秀导游词。

2. 导游词的立意

立意就是提炼主题，就是对搜集到的素材进行去伪存真、去粗取精、由表及里的梳理与提炼，然后确立一个主题。主题是一篇导游词的灵魂与主线，有主题就可围绕主题选择素材，即只选取与主题有内在联系、能突出与表现主题的素材，对与主题没有内在联系的应毫不吝惜地删除。主题可放在开头、正文、结尾，以开头与结尾居多。

📝 **课后任务**

1）首次沿途导游讲解的基本内容有哪些？
2）结合当地的实际，选取一个感兴趣的旅游路线，查找资料，实地考察，编写首次沿途导游词，并进行模拟导游讲解，完成讲解任务。

任务 二 途中导游词创作与讲解

📖 **任务导入**

经过首次沿途导游讲解，导游员已经给游客留下了深刻的印象。如何把好的印象延续下去？导游员应该努力向游客介绍游览对象的特色、历史背景等内容，使游客在欣赏沿途风光美景的同时，也对城市有初步认识。因此，在进行途中导游讲解时要围绕游客兴趣和沿途风光做介绍，并介绍将要前往的景点的相关内容。在途中见到什么讲什么，哪怕是一花一草、一栋建筑、一个广场，都可以简要介绍，以增加游客的兴趣。

学习目标

※　知识目标

- 了解途中导游讲解服务的基本内容。
- 了解途中导游讲解的服务技巧。

※　能力目标

- 能够熟练运用导游讲解技能，进行导游模拟讲解。
- 能够编写途中导游词。

※　素质目标

- 具有良好的思想品德，爱岗敬业。

学习重点与难点

重点：途中导游词的讲解。
难点：途中导游词的创作。

基本知识

一、途中导游讲解的基本内容

旅游车辆出发后，导游员首先向游客问好，然后简要介绍当日的活动安排。这个环节宜粗不宜细，不必把每个活动的具体时间和内容都告诉游客。在前往景点的途中，导游员的主要任务是向游客介绍沿途景物、回答游客提出的问题。途中导游讲解的内容一般由以下几部分组成。

1. 沿途风光

向游客介绍沿途所见到的有代表性的景物，主要包括特色建筑、商场、小区、街道及独具特色的景物。在这个过程中，要求导游员十分熟悉沿途景物，并能够灵活敏捷、移步换景、取舍得当、突出重点地进行讲解。如果与首次沿途导游的讲解重复，可以再强调一次主要景点，或者与司机商量走不同的路线，让游客欣赏到不一样的风景。

【举例】

以沈阳为例，途中导游讲解可以如下：

①汽车右拐，我们来到文化路上。您一定发现了这附近的道路，如文化路、文艺路、文萃路等都带有一个"文"字……②绕过文化路立交桥，我们由南向北驶上了青年大

街……③这是振兴碑，它是为修建南运河而建立的……④在我们的左前方，那个通体雪亮的擎天玉柱就是著名的辽宁广播电视塔，它正向您翘首致意……

2. 景点介绍

在到达景点之前，导游员应向游客简单介绍将要到达的景点概况，包括位置、历史沿革、布局、特色、称誉等内容，让游客对景点有一个大致了解，这样也有利于提升导游员实地讲解的效果。

【举例】

沈阳故宫位于沈阳市沈河区，是我国保存完好的两座古代宫殿建筑群之一，它始建于后金天命十年，即 1625 年，建成于 1636 年。它是清政权入关前努尔哈赤、皇太极兴建和使用的宫殿，康熙、乾隆时期又有改建和增建。1644 年清政权入关后，沈阳故宫成为"陪都宫殿"，康熙、乾隆、嘉庆、道光四位皇帝多次东巡祭祖期间在此居住。沈阳故宫占地面积达 6 万平方米，有建筑 100 余座。从平面上看，沈阳故宫可分为东、中、西三路，东路建筑始建于努尔哈赤时期，中路为皇太极时期增建，中路两侧及西路建筑为乾隆时期增建与扩建。三路建筑虽建造的时间不同，却十分完整与和谐。一会儿到了以后，您就会觉得不虚此行了。

3. 专题性讲解

在赴景点的途中，有时行车用时比较长，这时候导游员就可以在车上对当地的概况、特产、中药材、珠宝玉器等进行专题性讲解。

【举例】

游客朋友们，刚才我给大家介绍了我们将要前往的景点的基本概况，现在我再来为大家介绍一下沈阳主要的旅游购物街区。

沈阳的主要购物街——中街，建成于 1625 年，有"东北第一街"的美誉。中街原称四平街，东西两侧原建有钟楼、鼓楼各一座，是沈阳最早形成的商业中心。1625 年至 1631 年，后金将明朝所筑砖城进行改建扩建，按照中国历史上流传的"左祖右社、面朝后市"之说，将原来的"十"字型两条街改筑为"井"字型四条街，即沈阳路、中街路、朝阳街和正阳街。2021 年，沈阳中街被文化和旅游部确定为第一批国家级夜间文化和旅游消费集聚区。大家感兴趣的话，可以到中街去逛一逛。

4. 活跃气氛

沿途长时间的坐车可能导致游客游览兴致降低，这时就需要导游员来调动大家的积极性。除了唱歌，还可以讲笑话、玩脑筋急转弯游戏、说绕口令。通常是导游员先进行表演，活跃气氛，接着请团队中的积极分子参与，最后带动所有游客的情绪。这样游客就可以带着比较饱满的情绪，投入参观游览活动中。

二、途中导游讲解的服务技巧

1. 所站位置要能见到每一位游客

导游员在旅游车上为游客进行讲解时，需要采取站姿，背靠司机位，以面向全体游客。如采用坐姿讲解，无法全面掌握游客对所述内容的反应，就不能及时调整导游词内容。此外，导游员应尽力面向每一位游客，体现出对游客的尊重，避免游客产生差别对待的想法。

2. 面带微笑，表情自然

导游员在进行讲解时，要做到面带微笑，表情自然，注意调节游客情绪，带动游客游览观光的积极性，使游客在行车途中不感到乏味，进而使导游员与游客交流的氛围更加和谐。

3. 正确使用话筒

导游员使用话筒时需要注意手臂自然抬起，大小臂的夹角约90°，话筒与口部保持5厘米距离，不宜靠嘴太近或遮住嘴部。在平时，要注意练习使用话筒讲话，体验音量、音质的变化。不能以向话筒吹气的方式来试音，而应以问候的方式进行。

4. 音量适中，节奏快慢得当

决定导游员音量和节奏的因素包括以下几个方面。①游客数量的多少。游客数量多，音量适当提高；游客人数少，音量适当压低。②讲话所处的地点和环境。在室内音量可以适当地压低，在室外音量可以适当地提高，在幽静的场合音量可适当小一些，在嘈杂喧闹的环境中音量应适当提高，必要时使用话筒和扩音器。③讲话内容的重要性。根据需要，对讲话中的一些关键性词语进行强调时要适当提高音量，以引起游客的重视和注意，有时还要拖长音节或一字一顿地缓缓讲出。④所站位置。如果导游员站立在半弧形游客的圆心位置，面向游客，导游员的声音便可以直达每位游客。

5. 重点内容要重复讲解或加以解释

遇到需要重点强调的讲解内容，导游员可以重复讲解，以引起游客的重视，或者在讲解部分加入对该内容的额外解释。例如，讲解某一条路的路名，进而讲解这条路得名的原因。

6. 注意掌握提前量和方位

讲解有一定的提前量，如"前方我们即将看到的"，而不是"我们刚才看到的"。
讲解方位以游客为准，如"请看你们的左（右）手边"。

范文示例

杭州灵隐寺途中导游词

各位游客，大家好！

早餐吃得怎么样？

[行程安排]

现在，我重申一下今天的日程安排。上午，我们游览参观江南名刹灵隐寺；中午在杭州植物园内的山外山菜馆用餐；下午，我们乘船游览西湖，与美丽的西子湖亲密接触；游湖结束后我们继续游览西湖十景中的"雷峰夕照""苏堤春晓""花港观鱼"，然后留点时间给大家自由活动。喜欢购物的游客可以去杭州的延安路逛一逛，喜欢丝绸的游客可以到丝绸店去看看，当然也可以在苏堤上散散步，在茶馆里喝喝茶。晚餐，我们给大家安排在杭州著名的老字号餐馆——楼外楼菜馆品尝杭州风味。晚饭后请大家欣赏浙江的地方戏——越剧。

[安全提示]

我们的车已经在公路上行驶了，这段路程大概需要 40 分钟，所以这期间请大家坐好，最好不要随意走动，不要把手和头伸出车窗外，以免发生危险。

[城市概况]

杭州是我国七大古都之一，也是浙江省省会，被民间誉为"人间天堂"。杭州历史悠久，自秦设钱塘县以来，已有 2200 多年历史。杭州是华夏文明的发祥地之一，早在 8000 年前，就有人类在此繁衍生息，并产生了被称为中华文明曙光的良渚文化。

杭州市辖上城、拱墅、西湖、滨江、萧山、余杭、临平、钱塘、富阳、临安 10 个区，桐庐、淳安 2 个县，代管建德 1 个县级市。全市土地面积 16 850 平方千米，常住人口 1252.2 万人，是我国人口密度比较大的城市之一。

杭州可以用 4 个词语、16 个字来概括：人间天堂、丝绸之府、茶叶之都、美食之城。古人云：上有天堂，下有苏杭。历代的文人墨客在这座天堂般的城市留下了许多耳熟能详的篇章。比如，唐代著名诗人白居易、宋代诗词大家苏轼都曾先后任职杭州，写下大量吟咏西湖山水的名篇佳作，脍炙人口，流传至今。

作为浙江省省会的杭州市，近些年经济飞速发展，国际地位迅速提升。大家是否还记得 2016 年 9 月，在这里召开了举世瞩目的 G20 杭州峰会。国际峰会落户杭州，大力推动了杭州基础设施的建设，促进了杭州外向型经济的发展。2023 年，杭州市承办了第

19届亚运会，这是中国第三个取得亚运会主办权的城市。此次盛会提高了杭州的国际知名度，促进了杭州经济、社会的全面发展，并进一步推动了奥林匹克运动在中国的发展。所有这些都告诉我们，杭州正在阔步迈向世界一流的社会主义现代化国际大都市！

[植物介绍]

大家可以看到路旁的行道树，它不是常见的三球悬铃木，而是香樟。香樟是杭州市的市树。

[灵隐寺行程安排]

今天我们第一个要游览的景点就是杭州灵隐寺。一会儿我们先登飞来峰，欣赏溶洞景观和石刻艺术，再入灵隐寺，聆听古刹梵音，领略佛教文化。

[飞来峰概况]

飞来峰海拔168米，峰上奇石嶙峋，怪石林立，是灵隐寺的主要风景点。它不仅风景优美，也是我国古代南方石窟艺术重要地区之一，同时也是全国重点文物保护单位。在其岩洞与峭壁上共刻有五代十国、宋、元时期的摩崖造像300多尊，其中以元代藏传佛教造像最为珍贵。有传说飞来峰上的石刻是一日而成，但毕竟只是传说。通过考证，这些石刻是从五代十国至元朝时期陆陆续续镌刻的。飞来峰上的石刻是江南少见的古代石窟艺术瑰宝，可与重庆的大足石刻媲美。飞来峰的西麓有冷泉掩映在绿荫深处，泉水晶莹，而且无论溪水涨落，它都能喷涌不息，很是神奇。待会儿到了冷泉，大家可以亲自感受一下。

[灵隐寺概况]

灵隐寺又称云林禅寺，是杭州最大的丛林寺院，也是全国十大名刹之一。它坐落于飞来峰与北高峰之间的灵隐山麓中，两峰挟峙，是一处古朴幽静、景色宜人的佛教寺庙。灵隐寺创建于东晋咸和元年，也就是326年，至今已有近1700年的历史，它比少林寺的创建还要早169年。相传慧理和尚来到杭州，看到这里山峰奇秀，认为是"仙灵所隐"，所以就在这里建寺，取名"灵隐"。

[浙菜美食]

各位游客，既然我们来到了杭州，那就不得不品尝一下八大菜系之一的浙菜了。浙菜选料上力求细、特、鲜、嫩，口味上以清、鲜、脆、嫩为特点，形态上讲究精巧细腻、清秀雅丽，更重要的是许多菜肴都有美丽的传说，文化色彩浓郁是浙菜的另一大特色。像西湖醋鱼、龙井虾仁、东坡肉、叫花童鸡，都是浙菜的代表性菜肴。

飞来峰脚下有一家菜馆，名叫"天外天"，浙菜里的两道名菜——龙井虾仁和桂花鲜栗羹在这里吃才更有感觉。这是为什么呢？这是因为龙井虾仁的发源地就是这"天外天"菜馆，而这儿的桂花鲜栗羹也闻名海内外。

所以我们在参观了飞来峰和灵隐寺之后，有机会还可以到"天外天"品尝美食。伴着古刹钟声品尝佳肴，定是别有一番滋味。

希望大家今天可以玩好、吃好！

点评解析

这篇导游词采用与游客互动的方式，首先重申了当天的旅游行程，采用这种方法更容易与游客交流，并引起游客的注意，促进情感交流，让游客对当天的行程充满兴趣。在语言使用上，该篇导游词内容清晰，简明扼要。最后在结尾处用介绍美食来收尾，抓住游客对美食的偏好，使游客对接下来的行程更有热情和期待。

创作训练

根据下列材料提供的信息，撰写一篇途中导游词。要求：语言规范，表达得体，内容切题，条理清楚，符合导游语言要求；按照材料中提到的信息，进行准确、恰当的解说、扩充与想象。

导游员小王接待一个泰国的旅游团到沈阳来旅游，接团后，需要在旅行途中向游客介绍沈阳的景点。

讲解训练

选择一条旅游路线将学生分组，每组设置一名导游员（每个学生轮流扮演）、一名司机、若干名游客，进行途中导游服务的模拟训练。模拟结束后进行学生自评、小组互评和教师评价（表3.2），从而确定个人学习收获、能力水平和努力方向。

表 3.2 途中导游词训练评分表

评价项目	评价内容	分值	自评	小组互评	教师评价
训练准备	积极主动参加小组训练讲解活动	10			
	熟练掌握途中导游的内容	10			
讲解展示	服装得体、容貌整洁、发型规范、化妆自然	10			
	举止得当、姿态规范	10			
	知识讲解完整、正确，重点突出，层次分明，思路清晰，逻辑性强	10			
	普通话标准、流利，吐字清晰，语速适中，语言生动，能引起共鸣	10			
	能灵活运用导游讲解的方法和技巧，能调动游客的积极性	10			
	自创途中讲解导游词编写新颖、有创意	10			
	顺利完成范文途中导游实例讲解	10			
	顺利完成自创途中导游实例讲解	10			
总分		100			
努力方向					

沿途导游词的特点和作用

　　导游词对于导游员的重要性不言而喻，如果一名导游员不能写出优美的导游词，那么将失去其做导游的资质与价值。沿途导游词是引导游客观光游览的关键，游客来到一个陌生的地方，不了解当地的历史文化与自然变迁，很难领悟当地景点的优美之处，因此需要导游员充分准备沿途导游词，为游客做详细讲解。撰写优美的沿途导游词还可以对旅游景区、景点等做进一步的推介，妙趣横生的导游词无疑会为旅游景区、景点带来更多的游客，给游客留下更深刻的印象。因此，一名优秀的导游员应会撰写优美的沿途导游词。

1. 沿途导游词的特点

　　（1）实用性

　　沿途导游词的写作目的有两个，一是作为导游员实际讲解的参考，二是作为游客了解某一景点或某一旅游目的地的资料。由于上述两个目的，沿途导游词应包括每个景点的翔实资料，从各个方面加以讲述，导游员经过加工就能成为自己导游讲解的内容。游客听过讲解，就能对此景点或旅游目的地有详尽的了解。因此，沿途导游词有很强的实用性。

　　（2）临场性

　　虽然书面导游词没有直接面对游客及景观进行讲解，但它模拟现场导游的场景，创作者把自己设想成导游员，模仿导游员带领游客游览。因此，沿途导游词是顺着游览线路层层展开的，为了增加导游词的现场感，多以第一人称的方式写作。在修辞方面，多用设问、反问等手法，仿佛游客就在眼前，造成强烈的临场效果。

　　（3）知识性

　　由于沿途导游词具有极强的实用性，涉及的知识十分广泛，而导游讲解的主要目的是传播知识与文化，因此沿途导游词还具有极强的知识性。

　　（4）综合性

　　沿途导游词既有说明性的特点，也有欣赏性的特点，它是多方面特性的综合体。在一篇沿途导游词中，创作者可能会运用地理学知识、动植物学知识等；也可能会运用社会科学知识，如宗教常识、哲学知识、美学知识、中外文学知识等；此外，还可能会对建筑、园林、书法、绘画等有所涉猎。一篇优秀的沿途导游词往往综合了各个学科门类，多角度、多层面对景点加以叙述，给游客全方位的信息，其综合性可见一斑。

　　（5）规范性

　　虽然导游员在实际工作中运用的是口语化语言，但导游词是书面语言。因此，导游词的用语应该规范，尽量避免口语化的表达方法。即便为了增加幽默感而需要运用方言，也应该加以解释，使不同地区的导游员都能读懂。导游员只有在此基础上才能顺利地进行二次加工创作，形成自己独一无二的口头导游词。

2. 沿途导游词的作用

（1）引导游客对景观景点进行欣赏

沿途导游词的宗旨是通过对旅游景观绘声绘色地讲解、指点、评说，帮助游客欣赏景观，以达到游览的最佳效果。

（2）向游客传播旅游地文化知识

向游客传播旅游地文化知识，即向游客介绍有关旅游地的历史典故、地理风貌、风土人情、传说故事、民族习俗、古迹名胜、风景特色等，使游客增长知识。

（3）陶冶游客情操

沿途导游词的语言应具有言之有理、有物、有情、有神等特点。通过语言艺术和技巧，给游客勾画出一幅幅立体的图画，构成生动的视觉形象，将游客引入一种特定的意境，从而达到陶冶情操的目的。

课后任务

1）途中导游词的基本内容和讲解服务技巧有哪些？

2）结合当地的实际，推荐某一旅游纪念品、当地特色小吃、文娱活动等，查找资料，编写导游词，并进行模拟导游讲解，完成讲解任务。

项目四 人文景观导游词创作与讲解

任务一 中国古代建筑景观导游词创作与讲解

📖 任务导入

　　建筑是人类文明的重要载体。辉煌灿烂、丰富多彩的中国古代建筑是中国传统文化与艺术遗产的重要组成部分。这些古代建筑在中国传统文化的土壤中生长、发展、成熟，形成了一个封闭独立的体系，具有很高的审美价值和技术水平，以及深远的人文意蕴。中国古代建筑中所蕴含的深厚中华文化、精湛的技术工艺及世代传承的建筑理念使其成为重要的旅游精品资源，因此，对于导游员来说，掌握中国古代建筑知识，了解古代建筑景观导游词的创作和讲解方法是十分必要的。

💡 学习目标

　　※　知识目标

- 掌握中国古代建筑的建筑特色、建筑结构等知识。
- 掌握不同类型的古代建筑的基本知识。

　　※　能力目标

- 能够利用所学知识，编写不同类型的中国古代建筑景观导游词。
- 能够熟练运用导游讲解技能，用所编写的古代建筑景观导游词进行导游模拟讲解。

　　※　素质目标

- 通过拓展学习了解古代建筑景观的相关知识，提升对中国古代建筑文化的理解和认同，懂得欣赏中国古代建筑的美，善于发现古代建筑的文化内涵。
- 激发对中国传统建筑文化的探究、保护和热爱之情。

学习重点与难点

重点：熟练运用中国古代建筑景观的基础知识和导游词编写的方法，编写古代建筑景观导游词。

难点：中国古代建筑的建筑特色、建筑结构等相关知识涉及的专业术语多、知识点庞杂；中国古代建筑导游词创作要突出建筑的特色和文化内涵。

基础知识

一、中国古代建筑特色

1. 木构架为主

中国古代建筑主要采用木构架作为房屋的承重结构。木梁柱体系在春秋时期初步完善并得到广泛应用，并在汉代发展得更加成熟。木构架可分为抬梁式、井干式、穿斗式三种不同的结构方式，其中最常用的是抬梁式。

木构架的优点如下。一是承重结构与维护结构分离，建筑物的重量全部由木构架支撑，墙体只起到维护和空间分隔的作用。二是便于适应不同的气候条件，可以因冷暖地区的差异，选择不同的房屋高度、壁厚、材料，并确定门窗的位置和大小。三是由于木材的独特性质和构造节点有扩展空间的特性，即使墙壁倒塌房屋也不会倒塌，有利于减少地震破坏。四是便于就地取材和加工。

2. 建筑蕴含着思想

中国古代建筑体现了明确的仪式观念，注重等级，对形式、色彩、规模、结构、构件都有严格的规定，这在一定程度上改善了建筑形式，但也限制了建筑的发展。同时，天人合一的理念也体现在中国古代建筑的发展过程中，促进了建筑与自然的协调与融合：注重建筑、城市选址；建筑因地制宜，依山而建，强调风水。

3. 建筑群方正严整

方正严整布局的理念主要来源于中国古代文明黄河中游地区的地理位置和儒家中正思想。

无论是大型宫殿还是小型私家宅院，建筑通常由许多单体的建筑组成一个组群建筑，坐北朝南，有严格的方向性。只有少数建筑由于地形或地势的限制而采取灵活变通的样式，还有一些建筑由于宗教信仰或风水思想的影响而改变方向。

中国古代建筑群的布局总是以一条纵向主轴为基础，主轴上布置主要建筑，主轴两侧布置次要建筑，一般东西对峙，形成方形或长方形的院落。院落的布局既满足安全、向阳、防风御寒的需要，又符合中国古代社会的宗法制度和纲常伦理。

4. 山水园林有意境

在中国古典园林中,风景的意境大致可分为治世境界、神仙境界和自然境界。儒家思想强调实用性,具有高度的社会责任感,关心社会生活和人际关系,重视道德伦理价值和治国理政的政治意义。这种体现在园林景观中的思想,就是治世境界。治世境界多体现在皇家苑囿,如圆明园景观中约有一半属于治世境界,蕴含儒家政治、经济、哲学、道德和伦理等内容。佛教和道教思想在园林中体现为神仙境界。神仙境界多在皇家园林与寺院园林中有所反映,如圆明园中的蓬岛瑶台、方壶胜境,武当山南岩宫的飞升崖,青城山古常道观前的集仙桥等。庄子思想强调自然宁静,修身养性。它以浪漫主义为美,以艺术的自然境界来表现自己。自然境界多体现在文人园林中,如宋代司马光的独乐园和苏舜钦的沧浪亭。

5. 装修装饰有讲究

中国古代建筑特别注重装修和装饰,所有建筑部件或构件都要进行美化。由于部件和组件的性质不同,所选择的图像形象和颜色也有所不同。给台基和台阶配上栏杆和雕饰,会使其显得格外庄严与雄伟。给屋顶进行装饰可以使屋顶的轮廓形象更加美观。门、窗、隔断属于外檐装饰,用于分隔室内外空间,一般都有很强的装饰性。天花是室内上空的一种装饰。天花不仅可以美化房间,使房间看起来更加整洁,还可以防止横梁挂灰落尘。比天花更具有装饰性的一种屋顶内部装饰是藻井,其形式多样,宋式建筑中通常用八等材建造,由下至上分为三层,层层斜收,形成向上隆起的如井状天花板。彩绘是中国古建筑不可缺少的装饰艺术,是中国古代建筑的一个重要特征。它最初是应用于梁、柱、门、窗等木质构件的防腐、防蛀涂料,后来逐渐发展演变为彩色涂画。

二、中国古代建筑结构

1. 庭院式组群布局

从古代文献、绘画中的古建筑形象到现存的古建筑中可知,中国古代建筑平面布局的一个简单的组织规律,即住宅、宫殿、官府、寺庙等建筑,都是由若干单体建筑和一些廊道、院落四周的围墙等组成的。一般来说,大多数庭院是前后相连的。家庭中的主要人物或那些应与外界隔绝的人(如贵族家庭的女孩),往往住在远离外门的院子里,这就形成了一个又一个院子的深层空间组织。这种院落群和布局一般沿纵轴(又称前后轴)和横轴进行平衡对称的设计。重要的建筑被安置在纵轴线上,次要的建筑被安置在横轴的左右两侧。这种安排与中国封建社会的宗法制度和等级尊卑观念相关。

与欧洲建筑相比，中国古代院落布局所产生的艺术效果有其独特的艺术魅力。一般来说，欧洲建筑布局相对简单。中国古代建筑就像一幅长卷的中国画，可以逐步展开。北京故宫就是最突出的例子。北京故宫以前、中、后三大院为主要结构，每个院落内又有若干庭院、殿堂和厢房的组合。这种布局从整体上看，形成了层次分明的空间结构，使得北京故宫建筑群具有丰富的空间层次感。当人们沿中轴线从天安门经过端门，从午门进入故宫后，穿过太和门、乾清门，每扇门都通向一个新的院落，从庭院的一端到另一端，一步一景都在变化中，给人以深刻的感受。

2. 建筑构件

（1）台基

台基又称基座，它是高出地面的建筑物的底部，对建筑物进行支撑，能使建筑物防潮和防腐，同时可以弥补中国古代单体建筑不够高大雄伟的不足。中国古代大多数建筑物底部有台基，建筑物的等级越高，它的台基也就越突出、高大。台基大致有以下四种。

1）普通台基。一般用于小型建筑，高约 1 尺（33.33 厘米），由石灰、黏土和细沙三合土夯筑而成。

2）较高级台基。通常会在台基上建汉白玉栏杆，多用于大型建筑或宫殿建筑中的次要建筑。

3）更高级台基。须弥座，又称金刚座。须弥即指须弥山，是古印度神话中一座山的名字。须弥座被用作佛像或神社的基座，以显示佛陀的伟大。须弥座在中国古代建筑中用来表示建筑物的等级。一般用砖或石头制成，有凹凸的线条和图案，台基上一般用汉白玉建栏杆，常用于宫殿和名寺的主殿堂。

4）最高级台基。它由几座须弥座层叠组成，使建筑更加宏伟和高大。它通常用于最高级的建筑，如北京故宫的三大殿和山东曲阜孔庙的大成殿，它们都建在最高级台基上。

（2）大梁

大梁是安装在柱子上形成屋脊的一块主要木头，它通常由松木、榆木或冷杉木制成。它是中国传统木结构建筑骨架的主要部分之一。

（3）斗拱

斗拱是中国木结构建筑中最独特的构件。斗为斗形垫木块，拱为短弓木。它们层层交错，形成一组上下托架，置于立柱上，以支撑梁架和屋檐。唐宋时期，斗拱的发展达到了鼎盛时期。它同梁、枋结合为一体，除了具有向外悬挑屋檐和向内支撑天花板的功能，还是保持木结构完整性的结构层的一部分，成为大型建筑不可或缺的一部分。宋代以后，加大了架构的开间，抬高了柱体，木构架接缝中使用的斗拱支架逐渐减少。到了元、明、清时期，柱间多采用额枋和随梁枋等，使木构架的整体性得到加强，斗拱体积较小，不再起支撑作用，排列也比唐宋时期更加密集，装饰作用更加突出，成为显示建筑物等级差异的一个装饰物。

（4）彩画

彩画可以分为如下三个等级。

1）和玺彩画。在清代，它是木构建筑彩色绘画的最高级别，大多画在宫殿建筑，或与皇家有关的建筑之上。主要特点是：画面中间由各种龙凤图案组成，其间辅以花卉图案，并涂上金粉，使其富丽堂皇、气势恢宏。

2）旋子彩画。旋子彩画因藻头绘有旋花图案而得名，在等级上仅次于和玺彩画。它的画面采用简化形式的涡卷瓣旋花，有时也可以画龙和凤。通常用于次级宫殿、公卿府邸或寺庙建筑。

3）苏式彩画。苏式彩画比前两个等级低，源于江南苏杭地区民间传统做法，俗称"苏州片"。彩画内容多种多样，有风景、人物故事、花鸟鱼虫等，主要用于古典园林建筑。

（5）屋顶

中国古建筑传统屋顶（古称屋盖）主要有以下六种。

1）庑殿顶。屋顶有四面倾斜坡，两个大坡相交于一条正脊，两个小坡与大坡相交于四条垂脊，因此又被称为五脊四坡式。

2）歇山顶。屋顶有四面倾斜坡，两个大坡自然向外延伸，两个小坡的屋面上部先垂直向下，形成两个三角形墙面，再向外延伸。歇山顶由一条正脊、四条垂脊、四条戗脊组成，因此又被称为九脊殿。

3）悬山顶。屋顶有两个斜坡，两坡都凸出在山墙之外。屋顶上共有五条脊——一条正脊和四条垂脊，突出的屋顶有利于防水。因此，南方的住宅建筑经常使用悬山顶。

4）硬山顶。屋顶为两个斜坡，两坡与两侧山墙齐平，或山墙略高于屋顶。

5）攒尖顶。它没有正脊的屋顶，由若干垂脊相交于屋子顶端。屋顶的平面呈圆形或多边形，这种屋顶多用于亭、阁和塔的建造中。

6）卷棚顶。中国古建筑中一种正脊曲面化处理的屋顶。屋面两大坡相接处没有明显的正脊，而是将正脊变成了弧线曲面。

（6）山墙

山墙就是房子两侧的山形墙。其中比较独特的是风火墙，它的特点是山墙的两侧高出屋顶，与屋顶的倾斜表面形成阶梯状。

范文示例

沈阳故宫导游词

[开头]

各位游客好！欢迎来到沈阳。今天我们参观的是世界文化遗产、国家 AAAA 级旅游景区——沈阳故宫。

[概况]

沈阳故宫是中国保存完好的两座古代宫殿建筑群之一。它是清初建造和使用的皇家宫殿，始建于 1625 年。沈阳故宫占地面积达 6 万平方米，有建筑 100 余座。沈阳故宫博物院是在沈阳故宫基础上建立的古代文化艺术博物馆，是首批全国重点文物保护单位，国家一级博物馆，藏品非常丰富，馆藏文物 10 万余件。首先，请大家随我来一起看一下沈阳故宫的平面示意图。

沈阳故宫经过三次大规模建设，形成了东、中、西三路格局。东路建筑建于清太祖努尔哈赤时期，主要建筑有大政殿和十王亭；中路建筑建于清太宗皇太极时期，主要建筑有大清门、崇政殿、凤凰楼和清宁宫等；西路建筑建于清朝乾隆年间，主要建筑有嘉荫堂、文溯阁、戏台和仰熙斋等。一会儿，我们将沿着中路、东路、西路的顺序进行游览。

作为中国保存完好的两座古代皇宫建筑群之一，沈阳故宫与北京故宫在建筑风格上并不完全相同，沈阳故宫保留了很多满族、蒙古族和汉族的建筑风格。现在就让我们一睹沈阳故宫的风采吧。

[中路]

我们首先看到的是中路的大清门，俗称午门，是沈阳故宫的正门。它是文武朝臣等候上朝的地方，也是清太宗接受朝臣谢恩的地方。那为什么这个门叫大清门呢？一种观点是，清朝的国号是清，皇宫的正门是大门，所以叫大清门。还有一种说法是，这座木门建成后就没有名字，就叫大门、正门。后来，清太宗皇太极将国号改为清，同时他听说明宫的门叫大明门，就把这个门命名为大清门，以便与之对抗。

穿过了大清门，映入眼帘的建筑是崇政殿，原名"正殿"，是清太宗时期的"金銮殿"。这里是皇太极处理军事和政治事务、接待外国使节和边疆少数民族代表的地方。

崇政殿是五间九檩硬山建筑，屋顶上铺着黄色的琉璃瓦，镶绿剪边，所以请游客注意观察屋顶的琉璃瓦颜色，去过北京故宫的朋友会清楚地记得北京故宫琉璃瓦大多是黄色的，而沈阳故宫的琉璃瓦则是黄色琉璃瓦镶嵌着绿色的剪边，这体现了满族人对绿色草原的热爱和眷恋之情。琉璃瓦的颜色不同，是沈阳故宫与北京故宫的重要区别之一。

　　走上月台，大家会看到，台子两侧是计时用的日晷和存放标准计量单位的嘉量亭。大家看这里有四个大缸，你知道它们是做什么用的吗？有些游客说对了，它们被称为"吉祥缸"，在古代被称为"门海"，是宫殿里重要的防火设施，象征着缸里的水像大海里的水一样多，可以救火时用。

　　请跟随我走上须弥座。抬头看，上面的牌匾上用满、汉文字写着"崇政殿"。沈阳故宫的牌匾左边是满文，右边是汉文。北京故宫的匾额左边是汉文，右边是满文。这是沈阳故宫和北京故宫的第二个不同之处。崇政殿内上方悬挂着"正大光明"的匾额，下面是皇帝的宝座，宝座上绘有八条金龙，"真龙天子"坐在宝座上，恰好凑成了古代最大的阳数——九。

　　大家随我往前走，我们面前雄伟的建筑是凤凰楼。它建在一个近四米高的青砖台基上，是一座三层歇山式建筑。在皇太极时期，凤凰楼是皇帝后妃们夏日纳凉之处。我们看到前门上方挂着"紫气东来"的牌匾，这是乾隆皇帝写的。这意味着清朝的繁荣来自东方的盛京。当时凤凰楼不仅是后宫的正门，也是盛京当时最高的建筑，"凤楼晓日"曾被列为盛京八景之一。传说当年站在凤凰楼上可以看到抚顺城。

　　穿过凤凰楼，我们现在来到的院落就是皇太极的后宫，被称为台上五宫。"宫高殿低"是沈阳故宫与北京故宫的差别之三。

　　现在我们面对的是皇太极和皇后的寝宫"清宁宫"，原名正宫，是沈阳故宫最具满族民居特色的建筑。我们可以看到它东侧的门是开着的。它的形状像一个口袋，所以被称为口袋房。东一室是皇太极和孝端文皇后的卧房，又称暖阁。卧房分为南北两个屋子，各有炕，又称龙床。

　　清宁宫东侧第二间有两口大锅，你知道它们是干什么用的吗？这两口锅是用来祭祀时煮肉和烧炕用的。

　　现在我们来到清宁宫西侧的房间。西侧三室相连，北、西、南三侧建成一个相连的环炕，称为"万字炕"。其中，南、北两面炕较宽，供人起居坐卧，俗称"对面炕"；西炕较窄，一般不住人，供摆放祭器等物品使用，因西炕上方的西墙是安设祭神祭祖的神位之处，西炕既不可随意坐卧，也不能乱放杂物，所以满族民间有正房内"以南为大"（南炕供长辈居住）、以西为尊"的说法。清宁宫的烟囱建在房子的后面，从地面建起，与汉族住宅烟囱建在房顶不同。这种"口袋房，万字炕，烟囱建在地上"的建筑特点是满族独特的民居建筑风格。

　　除清宁宫外，我们在院子里还发现了另外四个寝宫：关雎宫、衍庆宫、麟趾宫、永福宫。让我们逐一看一看。这就是关雎宫——皇太极一生中最心爱的妃子海兰珠的住所。海兰珠是皇太极皇后的侄女，永福宫庄妃的亲姐姐。这是衍庆宫，是皇太极淑妃的寝宫。这里是麟趾宫，是皇太极贵妃娜木钟的寝宫。最后，我们来看看永福宫。永福宫是庄妃的寝宫。庄妃凭借出色的政治才能，协助三位皇帝成就了大清基业。康熙二十六年十二月（1688 年 1 月），庄妃病逝，享年 75 岁。

下面请跟我到院子的西南角看一看。这里立着一根叫作索伦杆的红色木杆，顶端有一个锡斗。它被用来喂乌鸦。那么，为什么满族人要献祭乌鸦呢？传说，满族的祖先曾经在被敌人追赶时耗尽体力，昏倒在地上。这时，一群乌鸦落在他身上，敌人经过这里，没有发现什么异常，就走了，这样满族的祖先就得救了。后来，为了报答乌鸦救了祖先一命的恩情，满族人开始在院子里竖起索伦杆供奉乌鸦，并在祭祀时把猪的内脏放进锡斗里供乌鸦食用。

[东路]

下面我们沿着后花园主路东行进入沈阳故宫的东路建筑。门前有影壁墙，又叫作照壁。上面雕绘的是仙鹤，寓意长寿、富贵和吉祥。走进沈阳故宫东路，首先映入眼帘的就是气势恢宏的广场建筑群。它的主要建筑包括大政殿和十王亭。

我们先来看看广场正面的大政殿。大政殿建成时被称为"大衙门"。由于早期满语中没有与"殿"相对应的词，故用汉语音译的"衙门"来形容，故称"大殿"为"大衙门"，它是皇帝每天处理政务的地方。

从远处看，大政殿的形状像一个亭子。它采用八角重檐攒尖顶木结构建筑，清代俗称"八角殿"。它不仅是整个宫殿群中第一座建成的建筑，而且在装饰艺术和使用规制方面也是最具特色的建筑。造型仿游牧民族的帐幄样式，殿顶的五彩琉璃宝顶和八名胡人力士色彩鲜艳，雕塑精美。檐下木结构装饰既有汉族传统的斗拱和盘柱双龙，又有藏传佛教建筑中常用的兽面、如意、连珠、蜂窝枋等，体现出多民族建筑艺术结合的特色。殿体八面均无砖砌墙壁，各有四扇红漆木制槅扇门，门心板上装饰金色浮雕降龙藻井，天花以红地金字的汉文福、禄、寿、喜、万和梵文吉祥文字加龙凤图案组成，辅以结构复杂的斗拱和龙纹雕刻，烘托出庄严神圣的气氛。

大政殿左右两侧排列的十座小亭，就是有名的十王亭。大政殿和十王亭是满族八旗制度在宫殿建筑布局上的体现，具有浓厚的满族特色。清军入关前，努尔哈赤率领八旗军队外出驻扎时搭设的帐幄，就是努尔哈赤用大一些的"黄幄"，八旗贝勒大臣们则用稍小的"青幄"，分别排列在"黄幄"前面两侧。大政殿和十王亭的布局、瓦的颜色以及造型都与八旗制度十分接近。因此，人们称"一殿十亭"的建筑布局叫作"帐殿式"，它是带有游牧狩猎民族特点的宫殿建筑的典范。

[西路]

接下来请随我去参观沈阳故宫的西路建筑。该路建筑是沈阳故宫建成时间最晚的一组，它是为了满足清军入关后，后世皇帝东巡的需要而增建的一组建筑群，主要建筑有文溯阁、嘉荫堂、仰熙斋和戏台，布局上套院相接，多而不乱，具有较浓厚的文化气息。

文溯阁为西路北侧区域的主体建筑，在结构上仿照明代浙江宁波天一阁，专门用来收藏乾隆时期编撰的大型图书《四库全书》。《四库全书》共抄写了七部，其中一部就藏在"文溯阁"。阁名是由乾隆皇帝钦定的，因其位于"祖宗发祥之地"的盛京，所以取"溯源求本"之意命名为"文溯阁"。

与其他宫殿相比，文溯阁还有一个显著的不同之处，就是殿顶不用黄琉璃瓦而是黑琉璃瓦镶绿边，廊柱用绿色而不是红色，檐下的彩画也不用龙凤等图案，而是"如意书卷"、"白马献书"等以书籍为主要表现内容，并且采用蓝绿为主的色调。

仰熙斋位于文溯阁的后面，它是皇帝的读书之所。左右有出廊，宫门外有嘉荫堂，阁的南面有戏台，它是乾隆、嘉庆时期皇帝东巡看戏的地方。

今天的参观就要结束了。"建筑是凝固的历史"，沈阳故宫的东、中、西三路建筑是分阶段建造的，但布局完整和谐。三路建筑分别代表了三个时期社会发展的基本特征。沈阳故宫以建筑的形式反映了满族政权和满族社会兴起、繁荣和高度发展的历史进程。

亲爱的朋友们，沈阳故宫就为大家介绍到这里，希望您对沈阳故宫之行有一段美好的回忆。

（资料来源：根据网络资料整理改编）

🌱 点评解析

1. 篇章结构分析

这篇导游词结构完整，主要包括开头、正文和结尾三个部分。

开头，以简洁的欢迎词引入景区的讲解，并在正式游览前，先带领游客观看景区示意图，告知游览顺序，为接下来的游览做好准备。

正文，导游词的主体部分，按照导游员现场讲解最常用的游览线路顺序，对沈阳故宫中路、东路、西路三条线路中的重要建筑进行详尽的介绍，如中路建筑的崇政殿、凤凰楼、台上五宫，东路建筑的大政殿、十王亭，西路建筑的文溯阁。导游词讲解条理清晰，详略得当，专业术语准确，结构安排合理。

结尾，带领游客回顾了沈阳故宫三路建筑的历史特色，如果能再回顾一下沈阳故宫与北京故宫的三个不同之处，重点突出，效果会更好。

2．主要内容分析

导游词主体内容完整、全面、丰富，既考虑到讲解对景观的呈现，又兼顾对景观文化内涵的挖掘。例如，讲解清宁宫的内部陈设时介绍了满族的特色建筑"万字炕"，讲解东路建筑的大政殿、十王亭时介绍了其与满族早期军政合一的八旗制度之间的关系。同时，这篇导游词做到了突出重点，讲解过程中自然地介绍了沈阳故宫与北京故宫的三个不同之处。

3．语言特色分析

这是一篇口头讲解导游词，语言简洁、流畅，表达得体，符合导游讲解语言要求。但该篇导游词在语言表达技巧和艺术性上可以进一步挖掘，以增强语言的感染力，如可以通过排比、对偶的表达方式，增添讲解语言的变化和气势，也可通过挖掘有关沈阳故宫的诗词佳作，将其应用于讲解过程中，让景观与情境相结合，将游客逐步引入创设的意境中，从而达到共鸣的效果，同时也可以提升导游词的文化品位与艺术性。

创作训练

教师列出中国古建筑景点，让学生进行导游词创作，如北京故宫、曲阜孔庙、乔家大院、河北赵州桥等。学生上网查找相关资料，做好撰写导游词的充分准备。要求：①语言规范，表达得体，形式上符合导游词创作要求；②对所查找材料中的信息进行准确提炼、恰当的解释，不能照搬某景点现成的导游词；③字数控制在 1100～1500 字；④在导游词创作角度、结构和表达等方面要有一定的创新性。

讲解训练

1．方法

角色训练法：学生分组，每组 4～6 人，轮流扮演导游员、游客、评分员进行导游讲解训练。

2．要求

1）角色要轮换，每个学生都要扮演不同的角色。

2）课下认真演练、准备，并选择最优秀的一组在课堂上完成角色扮演。

3）根据完成训练的情况，进行自评、小组互评和教师评价（表 4.1），从而确定个人的学习收获、能力水平和今后的努力方向。

表 4.1 中国古代建筑景观导游词训练评分表

评价项目	评价内容	分值	自评	小组互评	教师评价
训练准备	积极主动参加小组训练讲解活动	10			
	熟练掌握中国古代建筑的基础知识	10			
讲解展示	服装得体、容貌整洁、发型规范、化妆自然	10			
	举止得当、姿态规范	10			
	知识讲解完整、正确，重点突出，层次分明，思路清晰，逻辑性强	10			
	普通话标准、流利，吐字清晰，语速适中，语言生动，能引起共鸣	10			
	能灵活运用导游讲解的方法和技巧，能调动游客的积极性	10			
	自创导游词编写新颖、有创意	10			
	顺利完成范文景点实例讲解	10			
	顺利完成自创景点实例讲解	10			
总分		100			
努力方向					

拓展学习

中国古代建筑的中外融合

在中国古代，特别是魏晋南北朝以后，建筑技术和艺术与邻国进行了广泛的交流，为中国古代建筑注入了新的血液，中国古代建筑出现了许多新的类型，如石窟寺庙和佛塔，同时也对周边国家的建筑产生了深远影响。

早在公元 3 世纪，起源于印度的石窟造像就由克什米尔和阿富汗一带的大月氏传入中国西部天山南麓的库车和拜城一带，然后继续向东传播。关于莫高窟最早开凿的时间目前说法不一，但通常认为是前秦建元二年（366 年）。北魏时，向东传入黄河流域，开凿了山西大同云冈石窟、山西太原天龙山石窟和河南洛阳龙门石窟。北齐时，在河北邯郸开凿了南响堂山石窟和北响堂山石窟。隋唐时期有增凿并向南延伸。佛塔源于印度佛教，后传入中国。中国古代的一些宝塔形状多是从古印度移植过来的，如覆钵式塔、须弥座塔等。

隋唐以后，中国古代建筑风格随着佛教向东传播到日本。公元 6 世纪（日本飞鸟时代），日本根据中国建筑模式建造了法兴寺，又名飞鸟寺。日本奈良的法隆寺是这一时期建造的另一座中国式寺庙。公元 8 世纪，鉴真东渡日本，建唐招提寺，对后世的日本建筑产生了很大的影响。在南宋时期，一位名叫重源的日本僧人从中国福建等地引进了中国建筑样式，并称之为"大佛样"。随着禅宗佛教传入日本，日本也出现了禅宗寺院。佛教禅宗寺院一度兴盛，被称为"禅宗样"。

在公元 7 世纪，伊斯兰教开始向中国传播，伊斯兰建筑风格也伴随传入。一条从波斯经中国新疆进入内陆，另一条经海路到达东南沿海的广州、泉州、杭州、扬州等。唐朝以后，阿拉伯人和波斯商人在中国长期居住，他们根据自己的宗教需要建造礼拜场所清真寺，如广州的怀圣寺。这些寺院将阿拉伯和西亚的建筑形式和建筑艺术引入中国。经过长期的融合，形成了中国的清真寺，并出现了许多新的建筑形式，如礼拜殿、后窑殿、邦克楼（宣礼塔）和经堂等。它们的布局、屋顶图案、装修和装饰，具有许多阿拉伯特色和风格，丰富了中国古代建筑的内容。

（资料来源：https://www.nbgjz.com/498.html，有删改）

课后任务

带领一个沈阳旅游团去湖北游览江南三大名楼之一的黄鹤楼，创作一篇黄鹤楼的导游词。要求：了解中国古代楼阁的建筑特色；了解黄鹤楼的历史传说；能够讲出黄鹤楼的建筑特色；能够讲出与黄鹤楼有关的名人佳作。

任务二 中国古典园林景观导游词创作与讲解

任务导入

中国古典园林历史悠久，具有独特的民族风格，在世界三大园林体系中最具代表性。与西方园林艺术相比，中国古典园林表达了中华民族对自然和美好生活环境的向往和热爱。它体现了中国知识分子和熟练工匠的勤劳和智慧，包含了哲学、儒家、佛教和道教等思想，以及山水诗歌和绘画等传统艺术。自古以来，它就吸引了无数的国内外游客，是我国重要的人文旅游资源。因此，导游员需要掌握中国古典园林的相关知识，懂得古典园林建筑所表达的文化内涵，只有这样，才能将导游工作提到更高的文化层次上。

学习目标

※　知识目标

● 掌握中国古典园林的基本知识：历史发展、建造原则、构景手法等。

※　能力目标

● 能编写不同类型的中国古典园林景观的导游词。
● 能熟练解说古典园林建筑艺术的文化内涵。
● 能够熟练运用导游讲解技能，对所编写的古典园林景观进行导游模拟讲解。

※　素质目标

● 通过拓展学习了解古典园林景观的相关知识，提升对中国古典园林文化的理解和认同，懂得欣赏中国古典园林的美，善于发现中国古典园林的文化内涵。
● 激发对中国古典园林文化的探究、保护和热爱之情。

学习重点与难点

重点：熟练运用中国古典园林的基础知识和导游词编写的方法，编写古典园林景观导游词。

难点：中国古典园林的建筑特色、建造原则、构景手法等相关知识、专业术语多，知识点庞杂，需要具备一定的相关专业知识和中国传统文化底蕴。

基本知识

一、中国古典园林的起源与发展

1. 生成期

商周是我国古典园林的萌芽时期，当时这类园林被统称为"囿"。最初的囿，就是把自然景色优美的地方圈起来，放养禽兽，以供帝王狩猎，帝王狩猎也叫游囿。汉朝时期称为苑。汉朝把早期的囿进一步发展到以园林为主的帝王行宫，除了有优美的园景供帝王游憩，还可以供帝王举行朝贺及处理朝政。皇家的苑囿规模宏大、气势宏伟，成为这个时期造园活动的主流。

2. 转折期

魏晋南北朝是中国古代社会发展史上的一个重要时期。这一时期，社会经济文化繁荣昌盛。士大夫追求自然环境之美，游览名山大川成为这一时期上流社会的普遍风尚。刘勰的《文心雕龙》、陶渊明的《桃花源记》等都是这一时期问世的名篇。这一时期，佛教和道教的流行使寺观园林建造兴盛，唐代诗人杜牧有诗云"南朝四百八十寺，多少楼台烟雨中"。这是园林建造活动由生成到全盛时期的转折时期，它初步确立了园林建造的美学思想，为中国山水园林的发展奠定了基础。

3. 全盛期

隋朝结束了魏晋南北朝以来的战乱状态，政治的统一，一度促进了社会的经济繁荣。隋炀帝在洛阳建西苑，由此造园之风大兴。身居繁华都市的达官贵人，为了逍遥赏玩大自然的山水景色，便仿效自然山水就近造园，以便不出家门就能享受到"主人门外绿，小隐湖中花"的乐趣。

唐太宗时期政治稳定，经济繁荣，社会进入了盛唐时代，宫廷御苑的设计也更加精致。由于当时石雕工艺日臻娴熟，宫殿建筑的雕栏玉砌显得格外华丽。"禁殿苑""东都苑""神都苑"等，都旖旎空前。造园思想上，形成了以儒家思想为主导，儒释道融合的思想体系，基本形成中国园林所具有的建造风格特征。

4. 成熟时期

宋元时期，中国的城市商业经济空前繁荣，市民文化兴起，造园兴盛，此时的造园活动富有创造进取精神，尤其是在用石方面，有较大的发展。这时期有大批文人、画家参与造园活动，更增强了写意山水园林的创作意境。

明至清初是中国园林创作的鼎盛时期。"留园""拙政园"等私家园林是明代江南园林的主要代表。与此同时，明朝晚期还出版了一本关于园林建造艺术的理论著作《园冶》。此时期在园林创作思想上，仍沿袭了唐宋时期的创作源泉。从审美观念到园林意境的创造，采用"以小见大""壶中天地"的创作手法，兼顾自然观、写意、诗情画意等造园思想，且建筑在园林中扮演起了重要的角色，成为园林构景的重要元素。

5. 成熟后期

一方面，园林的发展继承了前一时期的传统，变得更加精致；另一方面，失去了前一时期的积极创新精神，趋于衰落。

清代康乾年间，皇家园林的建设最为活跃。当时社会稳定、经济繁荣，为大型写意自然园林的建设提供了有利条件，如"圆明园""避暑山庄""畅春园"等。

清末，造园理论的探索停滞不前，再加上西方文化的冲击、国民经济的崩溃等原因，园林创作从鼎盛走向衰落。然而，中国园林的成就已经达到了历史顶峰，造园手法受到西方国家的推崇和模仿，此时期西方国家掀起了一股"中国园林热"。

二、中国古典园林的建造原则

中国古典园林的最大特色是体现了"天人合一"的文化理念，这也是中国古典园林艺术生命力永恒的根本原因。中国古典园林的建造原则如下。

1. 师法自然

师法自然包括两个层面的内容。第一，园林的整体布局和组合要自然。园林中各种景观元素的组合要符合自然界景观生成的客观规律。第二，各个景观场景中元素的形象组合要符合自然规律。例如，池水通常仿照自然界作曲折、起伏状态。

2. 融于自然

中国古代园林采用各种方法分隔空间，其中最主要的手段是用建筑来围合或分隔空间。分隔空间力求从视角上突破园林实体有限空间的局限，使其与自然融为一体。要处理好形与神、景与情、意与境、虚与实、动与静等的关系，使园林实体空间与自然空间融为一体。例如，园林建造中利用窗漏，使空间流畅、视觉流畅，并因此隔而不绝，在空间上起到相互渗透的作用。

3. 顺应自然

在中国古代园林中，有山、水、厅、堂、廊道、楼、阁、台、墙垣等建筑。所有建筑的造型与神韵都要与周围的天空、大地上的自然景观环境相一致，同时使园林的各个部分自然相连，体现出自然的疏、静、隐的艺术特点，并取得移步换景、渐入佳境、小中见大的观赏效果。

4. 表现自然

中国古代园林对树木和花卉的处理和安置强调对自然的表达。松柏参天入云，柳枝婉约挂岸，桃花几枝怒放，甚至枝条弯曲自如，花朵香气扑面，其形与神、意与境都重在表现自然。

三、中国古典园林的构景手法

1. 抑景

欲扬先抑，即采取抑景的方法更加突出园林的艺术魅力。例如，在园林的入口设以假山、花草树木等作为遮挡。这种构景手法称为"抑景"，达到"山重水复疑无路，柳暗花明又一村"的构景效果。

2. 添景

风景点在远方，观赏点和风景点之间如果没有其他景点在中间、近处过渡，就会显得景色虚空而没有层次。因此，在两者中间、近处植以乔木或花卉作为过渡，就会使观赏的景物更加生动，添加的乔木和花卉就叫作添景。

3. 夹景

风景点在远方，观赏点视线两侧空而无挡，观赏的景色就会显得单调乏味。如果用建筑物或树木、花卉将两侧屏蔽起来，就会使远处的风景显得更有诗情画意，这种构景手段就叫作夹景。

4. 对景

设计园林景观时，构建甲、乙两个观赏点，在甲点可观赏乙点，在乙点又可观赏甲点，这种构景手法就叫作对景。

5. 框景

园林景观建筑中的门窗或乔木树枝合抱成的景框，往往能够把临近或远处的美景包框在其中，看似一幅图画，这种构景手法便是框景。

6. 漏景

通常透过漏窗的窗隙，可以看见园内、园外或者院外的美景，这种构景手法便是漏景。

7. 借景

借景能够实现"咫尺之地无限风光"的构景效果。借景通常可分为远借、近借、互借、邻借、仰借、俯借、应时而借7类。

中国古典园林的构景手法较多，不同的构景手法形成了不同的意境，导游员在游览园林过程中要善于引导游客了解这些构景手法，帮助游客从不同角度观赏园林景观，从而获得美的享受。

范文示例

拙政园（西园）

[开头]

游客朋友们好！欢迎大家来到苏州。今天我们参观苏州拙政园。拙政园是中国四大名园之一，是江南古典园林的代表作品。它的布局设计、雕塑书画、建筑造型、花木园艺等都是独一无二的，被誉为"世界园林之母"。

[拙政园概况]

拙政园始建于明代正德四年（1509 年），为明代御史王献臣弃官回乡后，在唐代陆龟蒙宅地和元代大弘寺旧址处拓建而成的一个园林。整个园林以水为中心，山水环抱，亭台楼阁精美，花草树木茂盛，具有浓郁的江南水乡特色。拙政园的名字出自西晋潘岳《闲居赋》中的"此亦拙者之为政也"，反映了当时王献臣既无奈又想自嘲的复杂心态。整个拙政园分为东、中、西三个部分。东园开阔疏朗，中园是整个园林的精华，西园建筑优美，各具特色。园南是居住区，体现了江南地区传统民居的典型格局。

[西园]

亲爱的游客们，穿过中央花园"别有洞天"的圆门，我们就来到了西园。西园现布局形成于张履谦接手时期。西园的主体建筑是卅六鸳鸯馆，是宾客聚会的地方，宽敞幽静，四通八达。这座建筑建于清代，是一个美化的鸳鸯堂结构：从外面看，它有一个屋顶，而从里面看有四个屋顶；从外面看，它是一个大厅，从里面看，它分为两个厅，北厅用于夏季乘凉，南厅用于冬季取暖。大家看圆门上方的砖雕篆体字"得少佳趣"，它的意思是说，进入门来，才能渐渐进入佳境，得到乐趣。这个大厅装饰精美，摆设考究，气派非凡。北厅的楹额"卅六鸳鸯馆"几个字是清代状元洪钧的书法珍品，南厅的楹额"十八曼陀罗花馆"，则是清代状元陆润庠的佳作。

鸳鸯是幸福婚姻的代名词，曼陀罗花被视为长寿的象征。据说曼陀罗花和山茶花很像，所以在南厅前的小院内种了 18 棵山茶树。园主张履谦非常喜欢昆曲，他经常和昆曲家俞粟庐一起在此练习昆曲，每当清唱达到高潮时，总有一种"余音绕梁，三日不绝"的感觉。这里蓝白相间的玻璃窗非常雅致，夏天的阳光透过窗户就变成了蓝白相间的光束，洒在地上，使人感到一阵阵凉意。如果游客感兴趣，可以把眼睛靠近玻璃窗，可以看到屋顶、树枝、石头和荷叶像覆盖了一层雪。

留听阁位于卅六鸳鸯馆的西侧，由清代湖南巡抚吴大澂书写楹额。唐代李商隐有"秋阴不散霜飞晚，留得枯荷听雨声"的诗句，留听阁由此得名。

倒影楼位于卅六鸳鸯馆的北侧。取名为"倒影楼"，是由于从前面的池塘可以清楚地看到楼阁的倒影。倒影楼的下层是"拜文揖沈之斋"，即文徵明和沈周纪念馆。文徵明是明代"四大才子"之一，据说，他参与了拙政园的规划设计。也有资料记载，他依照园景画了31幅图，并配以诗词，还作了《王氏拙政园记》，为拙政园增辉。沈周曾经是文徵明的绘画指导老师。他们二人对苏州文化艺术的发展都做出重大贡献。倒影楼中间屏门上雕刻着"扬州八怪"之一郑板桥的《无根竹图》，并配有诗词，是稀有珍贵的文物。

倒影楼前面是一条曲折蜿蜒的水廊，水廊地面贴着池面。池面波光粼粼，地面高低起伏，让人感觉自己正踩在池面上随水漂浮。水廊的西面有一组楼阁群，其中最近的是与谁同坐轩。轩，是两头有门框而不上门，形似车厢的建筑物，允许人们随意进出，墙壁两侧都有窗户，可以观景。"与谁同坐。明月清风我"是苏东坡的诗句，它表达了诗人孤芳自赏的心情，园主借此表示自己清高的品格。远看与谁同坐轩，好像一把扇子，轩顶的瓦面像折扇的扇面，后面笠亭的尖顶就像折扇的扇把，连接得简直天衣无缝。

[结尾]

拙政园是苏州园林的代表，这里处处充满着诗情画意，时时洋溢着家庭的温馨气氛，体现了园主淡泊明志的人生态度，是中国古代文人孜孜以求的"人间天堂"，游客朋友们，您体会到了吗？

点评解析

1. 结构和内容分析

开头：简洁流畅，直接引出游览景点拙政园。

正文：按照观赏顺序，由中间向两边，依次介绍了卅六鸳鸯馆、留听阁、倒影楼、与谁同坐轩的建筑特色、名称寓意及其文化内涵。整篇导游词结构完整，条理清晰，语言准确、生动。

结尾：使用一句反问句，点到为止，留给游客无尽的思考与遐想，回味无穷。

2. 语言特色分析

1）语言表达上，采用抒情语较多，节奏感较强。例如，园主张履谦非常喜欢昆曲，他经常和昆曲家俞粟庐一起在此练习昆曲，每当清唱达到高潮时，总有一种"余音绕梁，三日不绝"的感觉。这里蓝白相间的玻璃窗非常雅致，夏天的阳光透过窗户就变成了蓝白相间的光束，洒在地上，使人感到一阵阵凉意。如果游客感兴趣，可以把眼睛靠近玻璃窗，可以看到屋顶、树枝、石头和荷叶像覆盖了一层雪。

2）较多地引用了诗词歌赋，富有文学性，感染力强。例如，拙政园的园名出自西晋潘岳《闲居赋》中的"此亦拙者之为政也"，留听阁出自唐代李商隐的"秋阴不散霜飞晚，留得枯荷听雨声"，与谁同坐轩取自苏东坡的"与谁同坐。明月清风我"。导游员平时应多积累这方面的素材，提升自身的品位和文学修养，用时才能得心应手。

3）挖掘出了拙政园的文化内涵。以苏州拙政园为例，园主往往从造园开始，就将自己的情感喜好、人生的荣辱得失通过园林的各种符号显现出来。如果导游员不讲出这些耐人寻味的文化内涵，游客是无法理解园主造园时的心境的。

3．讲解方法分析

这篇导游词文化水准较高，语言细腻，遣词造句舒缓，表达方式柔美。若导游员没有深厚的基本功和文学修养，是很难完成的。导游员在讲解时需要有感染力，声情并茂，把中国古典园林所代表的情感传递给游客，起到共鸣的效果。

创作训练

教师列出中国古典园林景区，如颐和园、留园、豫园、寄畅园、十二石斋等，让学生进行导游词创作。学生上网查找相关资料，做好撰写导游词的充分准备。要求：①语言规范，表达得体，形式上符合导游词创作要求；②对所查找材料中的信息进行准确提炼、恰当的解释，不能照搬某景点现成的导游词；③字数控制在1000～1500字；④在导游词创作角度、结构和表达等方面要有一定的创新性。

讲解训练

1．方法

角色训练法：学生分组，轮流扮演导游员、游客、评分员进行导游讲解训练。

2．要求

1）角色要轮换，每个学生都要扮演不同的角色。
2）课下认真演练、准备，并选择最优秀的一组在课堂上完成。
3）根据完成训练的情况，进行自评、小组互评和教师评价（表4.2），确定个人的学习收获、能力水平和今后的努力方向。

表4.2 中国古典园林景观导游词训练评分表

评价项目	评价内容	分值	自评	小组互评	教师评价
训练准备	积极主动参加小组训练讲解活动	10			
	熟练掌握中国古典园林景观的基础知识	10			
讲解展示	服装得体、容貌整洁、发型规范、化妆自然	10			
	举止得当、姿态规范	10			
	知识讲解完整、正确,重点突出,层次分明,思路清晰,逻辑性强	10			
	普通话标准、流利,吐字清晰,语速适中,语言生动,能引起共鸣	10			
	能灵活运用导游讲解的方法和技巧,能调动游客的积极性	10			
	自创导游词编写新颖、有创意	10			
	顺利完成范文景点实例讲解	10			
	顺利完成自创景点实例讲解	10			
	总分	100			
努力方向					

拓展学习

中国古典园林与中国历史文化

1. 中国古典园林典故

作为世界文化遗产,苏州古典园林已不再是单纯意义上的旅游景点,而是历史文化的载体。苏州古典园林有着悠久的历史和深厚的文化积淀,故弥足珍贵。在苏州古典园林的许多景点中,可以挖掘和感受许多历史典故的元素。

(1)立雪堂

建于元代的狮子林里有一个著名的景点,名为立雪堂。程颐是北宋著名的理学家和思想家,有一次,他的弟子杨时、游酢到河南程府拜会他。隆冬时节,他们看见程颐正闭着眼睛在大厅里,似乎是睡着了。两个弟子见状,就悄悄地退到院子里等候。不久,开始下雪,两人站在雪中等了很久,程颐睁开眼睛,只见门外的积雪已经很深了。由此有了典故"程门立雪",推崇和渲染尊师重道的传统思想。

(2)拜石轩

怡园有一处景点叫拜石轩,是著名典故米芾拜石的写照。北宋书法家、画家米芾对石头的喜爱达到了疯狂的地步。他担任无为州监军时,有一天在衙署院内看到一块奇特的石头，于是大声惊叫，说："此足以当吾拜。"于是他立即换了官服，手持笏板，整冠而拜，称这块石头为"石丈"。

（3）"文王访贤"——网师园

网师园的"藻耀高翔"砖雕门楼，被誉为江南第一门楼。在它的东侧兜肚上有一幅"文王访贤"的立体戏文图，这与周文王访贤的著名典故有关。相传，商纣王暴政，周文王为了推翻暴政，亲自到渭水河边，请求姜子牙出山，协助自己治理天下。

（4）小沧浪

拙政园中园的小沧浪取自屈原与渔夫对歌的典故。屈原被楚怀王流放，渔夫问他为什么得罪楚怀王。屈原说："举世皆浊我独清，众人皆醉我独醒，是以见放。"渔夫为了安慰屈原，于是放声唱出歌谣："沧浪之水清兮，可以濯吾缨；沧浪之水浊兮，可以濯吾足。"意思是：如果当朝英明惜才，你就洗净帽缨去为他治国；如果其昏庸无道，你就隐居起来，濯足自娱自乐。

2. 中国古代哲学思想对园林创作的影响

中国古典园林不可避免地受到封建文化的影响，其中哲学是一切自然知识和社会知识的终极概括，是文化的核心。它影响和渗透着园林的发展，是园林创作的主导思想和园林建设实践的理论基础。

（1）人与自然共生的思想

人与自然的和谐共生，贯穿了各个历史时期，是中国古典园林美学的核心。

（2）从"宏大规模"到"以小观大"，追求"壶中有天地"。

秦汉隋唐的离宫别苑，规模宏大。到两宋时期，造园的空间意向更偏重壶中有天地，须弥于芥子。营园思路转化为以小观大，小而精，着力追求空间趣味变化。

（3）禅宗的影响

从唐朝开始，佛教的禅宗逐渐兴起，禅宗讲究顿悟和内心自省，受此影响，园林以"自成天然之趣，不烦人事之工"为美，以达到园林中那种空性无拘束的精神境界，由此达到物我一体、情景交融的意境统一。

（4）理学的影响与文人园林的兴盛

宋代兴起的理学，讲究纲常伦理，对人性的压抑激发了追求个性解放的逆反心理，促使文人和士大夫转向在园林建造中寻求自由的满足，由此文人园林进入极盛时期。

（5）隐逸文化对私家园林的影响

中国古代知识分子历来有隐居和出仕两种矛盾的情结，如竹林七贤之一刘伶的"我以天地为栋宇，屋室为裈衣，诸君何为入我裈中？"，就体现了其蔑视礼法、纵酒避世的思想。至唐宋，隐逸文化与造园实践相结合，在文人和士大夫圈子里盛行"隐于园"的观念，这是促使私家园林发展和文人园林兴起的主要因素之一。

课后任务

带领一个旅游团去苏州四大名园之一的狮子林,创作一篇狮子林的导游词。要求:了解中国古典园林的建筑特色、构景手法等相关知识;了解狮子林的构景手法和历史典故;能够讲出狮子林的建筑特色和构景手法;能够讲出狮子林里重要牌匾的文化内涵和出处。

任务三 主题公园导游词创作与讲解

任务导入

随着时代的发展与科技的进步,主题公园(theme park)以其特有的魅力成为现代旅游活动中一个极为重要的目的地,成为导游员必须熟悉的现代旅游景观。主题公园是根据某个特定主题,采用现代科学技术和多层次活动设置方式,集诸多娱乐活动、休闲要素和服务接待设施于一身的新的旅游目的地。主题公园的主要特点是规模大、投入高、消费高等,是一种相对被动的游憩方式。主题公园虽然较为依赖高科技要素及设施设备,也更为注重游客的参与性和体验性,但是同样需要好的导游词来完成介绍、引导和描述,由点到面,从而凸显主题,强化体验,使游客从中获得欢乐、休闲、舒畅、刺激等多种体验和享受。

学习目标

※ 知识目标

- 了解主题公园的分类。
- 了解主题公园的特点。
- 熟悉主题公园导游词创作的主要内容、结构形式、编写方法。

※ 能力目标

- 能够编写不同类型的主题公园导游词。
- 能够熟练运用导游讲解技能,对主题公园进行导游讲解。

※ 素质目标

- 具有良好的专业素质和丰富的专业知识储备,能够灵活处理工作中的常见问题。
- 具有专业认同感、社会责任感、民族自豪感,以及爱国主义情怀。

学习重点与难点

重点：主题公园导游词的写作重点应放在内容上，区别于普通的人文景观与自然景观导游词的编写，主题公园导游词要处理好景与事的关系，如主题定位、行进途中最佳动线与景观的联系等。

难点：首先，导游词是游客游览时的讲解词，是为了口头表达而写的，因此语言要生动形象，富有感染力，即使有的地方使用书面用语，也要通俗易懂，写作时多用短句，避免长句、难句，使游客听起来更加轻松；其次，在写作主题公园导游词时要注意知识性，提前收集大量资料，了解所讲解的对象。

基本知识

主题公园是根据某个特定的主题创意，主要以文化复制、文化移植、文化陈列及高新技术等手段，以虚拟环境塑造与园林环境为载体来迎合游客的好奇心，以主题情节贯穿整个游乐项目的休闲娱乐活动空间。

主题公园的类型如下。

1）按旅游体验，可分为游乐型、情景模拟型、观光型、主题型、风情体验型。

2）按功能和用途，可分为微缩景观型、影视主题公园型、活动参与型、民俗景观和仿古建筑型、科幻探险型。

3）按主题内容，可分为以花卉园艺为主题，以保存文化、历史为主题，以异国地理环境、动植物特征为主题，以博览会、博物馆为主题，以童话幻想、科学、宇宙为主题等。

范文示例

广州长隆旅游度假区导游词

游客朋友们，这个6月你心情舒畅了吗？你尖叫了吗？你疯狂了吗？哦！没有！都没有吗？那你今天就来对了。因为我要带大家去的地方充满了尖叫声，充满了欢乐。是哪里呢？没错，就是广州长隆旅游度假区！广东人说："要放松，来长隆；想欢乐，到长隆。"广州长隆旅游度假区是首批国家5A级旅游景区，拥有长隆野生动物世界、长隆欢乐世界、长隆水上乐园、长隆飞鸟乐园、长隆国际大马戏，并配套长隆酒店、长隆熊猫酒店、长隆香江酒店等经营实体。度假区综合了主题公园、餐饮酒店、科普教育、休闲度假等完善配套的旅游优势，成为产品结构丰富、主题特色鲜明、交通配套便利、游览范围集中、美誉度较高的大型旅游景区。各大板块联动，共同满足游客"巅峰欢乐、亲近动物、品味吃住、时尚运动、合家赏乐"的多元化旅游度假需求，是个名副其实的售卖欢乐的王国。

听到这里，大家是不是想马上投身景区呢？千万别着急，先来听我说说长隆，不然当你进入这个欢乐王国时可是会眼花缭乱、无从下手哦。

朋友们，如果你想要舒畅、轻松、解压，那就去 35℃ 的热浪中玩水吧。长隆水上乐园配备了全球最先进、规模最大的水上玩乐设施，全面升级了户外温水系统，户外温水几乎扩大到全园区，全球最大的儿童玩水区"宝贝水城"也从国外引进了为孩子们量身定做的 8 个最新儿童游乐设施，还有全球首台蛇形亲子滑道"眼镜蛇"哦！

如果你要大声尖叫，那就到长隆野生动物世界吧。景区按照世界级标准全新打造的森林实景青龙山，由美国好莱坞团队专业打造的电影级仿真恐龙，不仅让侏罗纪生物"复活"，也让它们赖以生存的侏罗纪森林"复活"了。进入 360°玻璃穹顶大厅中，你会发现原来披着神秘外衣的"蛇星人"是那么可爱。

如果你觉得舒畅、尖叫还不够，要更加疯狂，那么就来"卡卡虎欢乐总动员"吧。今年五一，长隆欢乐世界"卡卡虎欢乐总动员"汇聚国际奥斯卡精彩演出，大型青春歌舞剧《炫动奇迹》精彩升级亮相，能歌善舞的"心跳女孩"、具有浓厚南美风味的原生态鼓乐、青春张扬的嘻哈舞步，更多精彩演艺等你去参与。

如果想要全家齐出动来一次丛林大冒险，我们还可以走进电影《爸爸去哪儿》核心拍摄地，重温电影经典路线，和猩猩交朋友，探访可爱的熊猫宝宝。除了这些新鲜、热辣的节目，你还可以体验长隆的各项经典项目，如垂直过山车、超级大摆锤、大小喇叭滑道、"联合国马戏嘉年华"、与珍稀动物亲密接触等，如果玩累了、饿了，你还可以选择与白虎一起进餐哦！总之，长隆就是要让你欢乐，就是要让你忘记烦恼，享受人生、享受每一天。

各位朋友，到今年 8 月，长隆就年满 25 周岁了，它已经成长为"世界级民族旅游品牌"。我们可以自豪地说，长隆肩负的社会担当不仅涵盖"欢乐"二字，更有世界级民族品牌的革新创造，这是一个完全属于中国的主题乐园。朋友们，长隆用 25 年为我们创造欢乐，那我们还等什么？让我们一起出发，去尖叫吧！

（资料来源：摘自《导览华夏 星耀舞台——2014 全国职业院校技能大赛高职组导游服务赛项成果展示》，指导教师杨红霞，参赛选手陈林静，有删改）

点评解析

1. 结构和内容分析

标题直接用"广州长隆旅游度假区导游词"，简洁明了。

欢迎词以热情欢乐的气氛开场，一下子拉近了与游客的距离，并将情绪传染给游客，形成了很好的情感氛围。

正文分成三大部分，按照总述、分述、总结进行，一目了然。这是最常见的导游词结构，这样布局使整篇导游词脉络清晰、重点明确、逻辑性强，既易于导游员记忆，更有助于游客接受。

首先我们来看总述。先用广东人对长隆的看法引出广州长隆旅游度假区，接着讲明它的行业地位、多元化旅游特色，渲染现场气氛，将游客和导游员的距离拉近。

紧随其后是分述。围绕公园主题——"欢乐、舒畅、尖叫"，导游员选择了长隆旅游度假区中最具代表性、最突出主题的几个景点进行重点介绍，如长隆水上乐园、长隆野生动物世界、"卡卡虎欢乐总动员"、丛林大冒险等点位，层次分明，脉络清晰，在结构和内容上处理得恰到好处。

最后是总结。总结采用了画龙点睛的方法，再次强调广州长隆旅游度假区的定位、价值及其所承担的社会责任。这种手法的使用，再次升华了景区的价值。很多导游词在这一点上十分欠缺。

结尾采用"欢乐""尖叫"等词语，与开头呼应，紧扣主题，并用一句"让我们一起出发，去尖叫吧"营造出热烈的气氛，很符合当下年轻人的口味。

2. 语言特色分析

一是互动式讲解几乎遍及全篇，给人以极强的现场感和交流感，形成了身临其境的讲解效果。二是全篇主要使用富有节奏感的短句和极具感染力的词语，形象生动，气氛活跃，欢乐的感受呼之欲出。三是渲染氛围的短句的使用，如"你尖叫了吗""你疯狂了吗"等，都会让人有跃跃欲试的感觉。

本篇导游词是"2014年全国职业院校技能大赛"高职组导游服务赛项中获得一等奖的导游词，风格突出、节奏感很强，也为主题公园导游词创作提供了一个较好的范本。

3. 讲解方法分析

该导游词通篇热情洋溢、激情四射，满满的欢乐和热情跃然纸上，风格十分独特。要想把主题公园类导游词讲解好，导游员要有极强的语言表达能力、对游客的亲和力、对景点内容的演绎能力，还要有很强的现场把控能力，所以对导游员的基本功要求较高。

📖 创作训练

1）根据下列材料提供的信息，撰写一篇主题公园的导游词。要求：①语言规范，表达得体，内容切题，条理清楚，符合导游员语言要求；②按照题目中提到的概念、信息和景观意象，进行准确、恰当的解释、扩充与想象，不能照搬某一景点现成的导游词；③字数控制在800～1200字；④在角度、选材、表达方面要有一定的创新性和思想深度，如与时代因素相结合。

某主题公园内设有一个"探险世界"，主要内容是让游客感受一次亚洲及非洲地区原始森林的旅程。在整个旅程中，游客乘船行进的目的地是森林小树屋，其间将体验惊险的漂流，遭遇各种亚非动物及险情，如大象、鳄鱼、犀牛、蛇、蜘蛛、火山（喷火）等，非常刺激。当然，这一切都是人为虚拟的场景，但是非常逼真。

2）学生查找自己感兴趣的一个度假区或主题公园的相关资料，如迪士尼乐园、横店影视城、东部华侨城、欢乐谷、方特欢乐世界等，按照导游词范文进行仿写，完成一篇结构合理、语言规范、表达清楚、内容切题、条理清楚的导游词。

讲解训练

学生分组，每组人数 5～7 人，轮流扮演导游员、游客等角色，进行导游讲解训练。

角色轮换，每个学生都要扮演不同的角色，通过认真演练，按照导游词训练评分表进行评分。通过自评、小组互评和教师评价（表 4.3），确定个人的学习收获、能力水平和今后的努力方向。

表 4.3　主题公园导游词训练评分表

评价项目	评价内容	分值	自评	小组互评	教师评价
训练准备	积极主动参加小组训练讲解活动	10			
	熟练掌握主题公园的基础知识	10			
讲解展示	服装得体、容貌整洁、发型规范、化妆自然	10			
	举止得当、姿态规范	10			
	知识讲解完整、正确，重点突出，层次分明，思路清晰，逻辑性强	10			
	普通话标准、流利，吐字清晰，语速适中，语言生动，能引起共鸣	10			
	能灵活运用导游讲解的方法和技巧，能调动游客的积极性	10			
	自创导游词编写新颖、有创意	10			
	顺利完成范文景点实例讲解	10			
	顺利完成自创景点实例讲解	10			
总分		100			
努力方向					

拓展学习

旅游度假区与主题公园

2023 年 1 月，文化和旅游部公布 15 家度假区为新一批国家级旅游度假区：河北省秦皇岛市北戴河度假区；上海国际旅游度假区；江苏省常熟虞山文化旅游度假区；浙江省泰顺廊桥-氡泉旅游度假区；浙江省鉴湖旅游度假区；江西省新余市仙女湖七夕文化旅游度假区；江西省赣州市大余县丫山旅游度假区；山东省烟台金沙滩旅游度假区；山东省荣成好运角旅游度假区；河南省三门峡市天鹅湖旅游度假区；湖北省神农架木鱼旅游度假区；湖南省岳阳洞庭湖旅游度假区；广西壮族自治区大新明仕旅游度假区；四川省宜宾蜀南竹海旅游度假区；陕西省商洛市牛背梁旅游度假区。

2023 年世界范围内十大受欢迎的主题公园分别是奥兰多迪士尼神奇王国乐园、加州迪士尼乐园、大阪环球影城、东京迪士尼乐园、上海迪士尼乐园、珠海长隆海洋王国、东京迪士尼海洋乐园、迪士尼未来世界、巴黎迪士尼乐园、奥兰多迪士尼好莱坞影城。

中国主题公园在近些年发展迅速。近年来，受外界因素影响，旅游业出现了一些新变化，在游客出行距离缩短的同时，休闲旅游频次明显提升，消费场景趋于多元，为主题乐园类景区的创新和建设提供了全新空间和无限可能。从国内文旅度假消费市场的体量及增长趋势来看，主题乐园的市场需求旺盛，并将持续活跃。

（资料来源：文化和旅游部官网 https://zwgk.mct.gov.cn/zfxxgkml/zykf/202301/t20230111_938584.html；
https://aecom.com/wp-content/uploads/documents/reports/AECOM-Theme-Index-2023.pdf）

课后任务

结合实际，选取一个自己感兴趣的主题公园，实地考察，查找资料，编写导游词，并完成讲解。

项目五　自然景观导游词创作与讲解

任务一　水体景观导游词创作与讲解

任务导入

古人云，"山得水而活，水得山而媚""因山而峻，因水而秀"。水体景观是自然景观表现"灵气"之所在。江河湖海、飞瀑流泉、冰川雪峰，不仅独自成景，更能点缀景观，使山依水而活、得水而秀。水域风光动中有静、静中有动，是旅游活动中最重要的一环，同时针对水体景观可以开展丰富多彩的体验性旅游活动，满足游客参与性要求，因此导游员要掌握水体类景观的要点，更好地服务游客。

学习目标

※　知识目标

- 掌握水体景观分类。
- 了解江河景观的组成。
- 了解湖泊成因与景观类型。
- 熟悉瀑布景观的要素与分类。
- 熟悉泉水景观分类。

※　能力目标

- 能够撰写不同类型的水体景观导游词。
- 能够熟练运用导游讲解技能，对水体景观进行导游讲解。

※　素质目标

- 培养认真负责、态度端正的职业道德素质。
- 具有良好的专业素质，能够具有丰富的专业知识储备。

● 提高自身旅游审美能力，树立生态文明意识，增强保护和弘扬中国传统文化意识。

学习重点与难点

重点：水无色、无味、无形，如何将这看得见、难说清的景观讲解清楚并吸引游客是非常有难度的，许多著名的水体景观没有规范的导游词供导游员使用，这就要求导游员锻炼敏锐的观察力和总结能力，自己撰写适合的导游词。

难点：首先，导游员可以就水体景观在同类旅游资源中的独特地位及其价值向游客进行讲述，目的是激发游客的兴趣，使他们带着好奇心开启对自然的探索之旅；其次，导游员在介绍水体旅游景观时必须先讲清楚其成因，对游客进行科学的介绍。

基 本 知 识

在地表四大圈层结构中，水是自然环境中最活跃的要素之一，是生命存在的必不可少的条件。水以海洋、河流、湖泊、瀑布、泉水、冰川、雪雾等多种形式存在于大自然中。

一、海洋景观

海洋面积约占地球表面积的 71%，从海面到海底形成完整的景观体系，是地球上最大的景观区。目前，海洋景观用于旅游的仅限于近海与海滨景观、热带浅海海底景观。

1. 近海与海滨景观

近海与海滨景观主要分布在南北温带之间的岩岸与沙岸海滨和近海区域内。构成景观的是天空、海水、海面、波涛、海鸥和造型奇特的岩石与松软的沙滩。例如，传统的地中海黄金海岸，20 世纪下半叶发展起来的加勒比海沿岸、亚太地区的大陆和岛屿沿岸。

在中国约 1.8 万千米的大陆海岸线上，这种景观主要集中在辽东半岛、胶东半岛和杭州湾以南的沿岸地区，以及沿海岛屿。大连的金石滩，河北的北戴河，山东的烟台、威海、青岛，福建的厦门，广东的汕头、深圳，海南的三亚等，都是著名的海滨旅游胜地，特别是三亚，有"东方夏威夷"之称。

2. 热带浅海海底景观

热带浅海海底景观主要是热带浅海的珊瑚礁海底景观。热带浅海是珊瑚和各类海洋植物生长的极佳环境，有着极其美丽动人的海底世界，同时，海底动植物繁茂生长的深度在人体能经受的水压范围内。目前世界上有两种海底观光的方式：一种是游客穿着潜水服，在教练的指导下直接潜入海底；另一种是乘坐海底观光船，海南的部分度假区已开展了这种观光活动。

二、江河景观

河流是陆地表面上经常或间歇有水流动的线形天然水道。河流在中国的称谓很多，规模较大的称江、河、川、水，较小的称溪、涧、沟、曲等。河流在藏语中称"藏布"或"曲"，在蒙古语中称"郭勒"或"木伦"。每条河流都由河源、上游、中游、下游和河口五部分组成。

1. 河源

河源是指河流的发源地，可以是溪涧、泉水、冰川、沼泽或湖泊等，各河河源情况不尽相同。

2. 上游

上游直接连着河源，位于河流的上段，它的特点是落差大，水流急，下切力强，河谷狭，流量小，河床中经常出现急滩和瀑布。

3. 中游

中游河道比降变缓，河床比较稳定，下切力量减弱而旁蚀力量增强，因此河槽逐渐拓宽，变得曲折，两岸有滩地出现。

4. 下游

下游的河床宽，纵比降小，流速慢，河道中淤积作用较为显著，浅滩随处可见，河床曲折发育。

5. 河口

河口是河流的终点，也是河流流入海洋、湖泊或其他河流的入口，泥沙淤积比较严重。在干旱的沙漠区，有些河流、河水因沿途渗漏和蒸发，最后消失在沙漠中，这种河流称为内陆河。

我国以自然景观为主的江河多分布在秦岭—淮河一线以南，较著名的有桂林漓江、大宁河小三峡、武夷山九曲溪、贵州舞阳河等。自然景观和人文景观都很丰富的主要是几条大河，如长江、黄河、黑龙江、鸭绿江等，其中景观之多、景致之美首推长江。长江沿岸既有大峡谷的壮丽风光、九曲十八弯的荆江平原，也有三角洲上的小桥流水、屋舍秀美的水乡风光。长江三峡是长江沿岸自然景观和人文景观最集中的河段，享有"中国的山水画廊"之美誉。

三、湖泊景观

湖泊是陆地上洼地积水形成的比较宽阔的水域。与动态的河流不同，湖泊作为旅游资源，它的美在于静态的湖光山色，可形成极具特色的旅游资源，素有"大地明珠"之称。

1. 湖泊的成因类型

1）构造湖：由地壳构造运动形成的断陷盆地蓄水而成，多呈长形，两岸陡峭，湖水很深，如昆明的滇池、大理的洱海、台湾的日月潭等。

2）河迹湖：主要由河流改道而形成，一般是淡水湖，鄱阳湖、洞庭湖、洪泽湖等属于此类。

3）海迹湖：因古海湾被沙坝封闭而成，如太湖、杭州西湖。

4）堰塞湖：由熔岩或泥石流及其他物质堵塞河道而形成的湖泊，如黑龙江的镜泊湖和五大连池。

5）冰碛湖：由冰川的刨蚀作用或冰碛作用形成洼地并积水形成的湖泊，如新疆天山天池和喀纳斯湖。

6）火山口湖：由火山喷发后陷落的火山口积水而成的湖泊，如吉林的长白山天池。

7）岩溶湖：由地下水或地表水对石灰岩等可溶性岩石的溶蚀作用而成的湖泊，如贵州西部的威宁草海。

8）风蚀湖：在干旱半干旱地区，由于风蚀作用形成的洼地积水而成，如敦煌月牙泉、内蒙古苏泊淖尔湖。

9）人工湖：规模不一的各种水库。比较著名的有浙江的千岛湖、贵州的红枫湖等。

2. 湖泊的景观类型

作为观赏的对象，湖泊景观的共同特征是具有或蔚蓝，或碧绿，或平如镜，或湖光潋滟的温馨、宁静、安逸的景色。这里主要讲的是淡水湖。从个性景观特征看，主要有以下四种类型。

1）浩大平远型：开阔的湖面、相对平坦的湖滨，既有如海面般浩大平远的意境，又有荷稻飘香、帆影如梭的富饶景象。这种类型以洞庭湖最为典型。

2）娇小秀美型：群山环绕，倒映在湖面，湖光山色相辉映，点点风帆画中行的娇秀美景，真切的美、朦胧的美四时皆有。这种类型以享有"天堂"美誉的杭州西湖为典型。

3）两者复合型：这种类型以兼有洞庭湖之浩大与西湖之秀美的太湖为典型。无锡鼋头渚和蠡园更可谓是太湖之胜景。

4）多岛湖：人工湖泊的典型特征多是点点小岛湖中坐，四周山脚入湖中，岛上、山上春时五彩斑斓，夏时一片碧绿。夕阳西下，暮色中的小岛造型，任人遐想。这种类型以千岛湖为典型。

四、瀑布景观

从河床纵剖面陡坎或悬崖处倾泻而下的水流称为瀑布。瀑布不仅是一种非常重要的造景地貌，而且是地质公园中重要的地质遗迹及旅游资源，它集形、色、声之美于一体，是自然景观的点睛之笔。

1. 瀑布景观要素

一是造瀑层，即河谷中突然形成急坡地段的坚硬岩层。二是瀑下深潭，一般瀑下有潭，基本结构是一瀑一潭、瀑潭交错分布。三是瀑前峡谷，它是造瀑层被侵蚀后退的产物，表示瀑布位置仍在向后移动。

2. 瀑布的分类

（1）按照瀑布跌落方式划分

直瀑：又称直落型瀑布，指瀑布的水流不间断地从高处直接落入其下的水池、潭水面或石面。

分瀑：水流在瀑布口遇到障碍物被分隔开来，分股落下，分瀑的落水声响较小，有幽谷飞瀑的意境。

跌瀑：又称跌落瀑布，是由很高的瀑布分为几跌，一跌一跌地下落。

滑瀑：又称滑落瀑布，指水流不是从瀑布口直流而下，而是顺着倾斜坡面滑落。

（2）按照形成的原因划分

构造型瀑布：地壳运动使地层抬升、断裂或凹陷而形成的瀑布。例如，山西、陕西交界处的壶口瀑布，云南的大叠水瀑布。

差异侵蚀型瀑布：岩性的差异使河谷下蚀作用不均匀地进行，常在硬、软岩河段之间形成陡坝而形成的瀑布。壶口瀑布的后期发育属于此类。

堰塞型瀑布：当火山喷发，熔岩漫溢堵塞河道，河水在熔岩陡坎上产生跌水而形成的瀑布，或山崩、泥石流等堆积物堵塞河道而形成的瀑布。前者如黑龙江的吊水楼瀑布，后者如四川叠溪瀑布。

岩溶型瀑布：在可溶的碳酸盐岩分布区（喀斯特地貌区），水流溶蚀作用使石灰岩层发生断陷或地下暗河从山崖缝隙间涌出而形成的瀑布，如贵州的黄果树瀑布。

袭夺型瀑布：处于分水岭两侧的两条河流，其中侵蚀力较强、侵蚀较深的河流进行下切侵蚀，最终将另一侧那条河流的一部分袭夺过来，使之成为袭夺河流的支流，如黄果树瀑布群中的滴水滩瀑布、蜘蛛洞瀑布等。

五、泉水景观

泉是地下水天然出露至地表的地点，或者地下含水层露出地表的地点。泉的分布特点与气候、地形、地质、水文条件等有密切关系。根据不同的情况，泉可以分为以下类型。

1. 冷泉

我国一般以 25℃为界，将泉水温度低于 25℃的称为冷泉。这类泉水水质清醇甘甜，可供饮用或作为酿酒的水源，如镇江中泠泉、济南趵突泉、北京玉泉、杭州虎跑泉等。

2. 温泉

温泉是指温度高于 25℃的泉水。温泉又分微温泉（25～33℃）、温泉（34～37℃）、热泉（38～42℃）、高热泉（高于 43℃）。热泉、高热泉也称"汤"。沸泉是指水温高于当地沸点的泉。温泉含有对人体健康有益的微量元素和矿物质，对以下疾病具有预防和一定的治疗作用：肥胖症、运动系统疾病（如创伤、慢性风湿性关节炎等）、神经系统疾病（神经损伤、神经炎等）、早期轻度心血管系统疾病、痛风、皮肤病等。我国著名温泉有云南安宁温泉、西安华清池温泉、黄山温泉、广东从化温泉等。

3. 矿泉

矿泉是指含有一定量的矿物质并且具有医疗和饮用价值的矿化泉水（矿化度≥1 克/升），一般是温泉，也有盐泉、铁质泉、硫黄泉等，有些矿泉可以用来治疗疾病。我国著名的矿泉有黑龙江五大连池、山东崂山矿泉。

矿泉按成分可分为氡泉、碳酸泉、硫化氢泉、铁泉、碘泉、溴泉、砷泉、硅酸泉、重碳酸盐泉、硫酸盐泉、氯化物泉和淡泉 12 个类型，氡泉为 12 类之首，有"矿泉之精"的美称。

4. 观赏泉

观赏泉是指有观赏价值的泉水。观赏泉可以是珍珠泉、涌泉、喷泉自然景观，也可以是与泉水相伴而生的奇特景致，还可以是历史文化名泉。泉水与奇特景致相伴而生的名泉有大理蝴蝶泉、敦煌月牙泉、台南水火泉、广元含羞泉等。历史文化名泉主要有庐山谷帘泉、北京玉泉、济南趵突泉、镇江中泠泉、杭州龙井泉和虎跑泉、无锡惠山泉、太原晋祠难老泉等。

5. 品茗泉

品茗泉是指与茶、酒文化相关联的泉。茗即茶，世界茶文化之源在中国，伴随茶文化出现了许多品茗泉，并成为以茶、酒为中心的旅游热点，如江苏镇江的中冷泉、无锡的惠山泉、苏州虎丘三泉，浙江杭州的虎跑泉，山东济南的趵突泉等。

6. 间歇泉

间歇泉是间断喷发的温泉，多发生于火山运动活跃的区域。有人把它比作"地下的天然锅炉"。在火山运动活跃地区，熔岩使地层水化为水汽，水汽沿裂缝上升，当温度下降到汽化点以下时凝结成为温度很高的水，每间隔一段时间喷发一次，形成间歇泉，如西藏的羊八井地热等。

范文示例

山飞海立民族魂——黄河壶口瀑布

各位游客朋友，大家好。今天将由我陪同您一起领略驰名中外的黄河壶口瀑布。

我们都知道，黄河是中华民族的母亲河，她孕育了五千年中国的灿烂文化和华夏儿女那无畏艰难险阻奋勇向前的精神。每个中国人都会为有这么一条伟大的母亲河而感到骄傲和自豪。可能你已经不止一次地想象过黄河的美景，但是，只有站在壶口瀑布面前，你才能真正感受到唐朝诗人李白"黄河之水天上来，奔流到海不复回"的那种豪迈和激情。

壶口瀑布展现了黄河流域壮美的自然景观和丰富多彩的历史文化积淀，1988年，壶口瀑布这个世界上最大的黄色瀑布被国务院确定为国家重点风景名胜区。1991年，壶口瀑布作为黄河上的最佳景点之一，入选中国旅游胜地四十佳。2002年，被国土资源部评定为"国家地质公园"和"地质遗迹保护区"。壶口瀑布能够获得如此多的殊荣，足以证明它的重要性及其自身所具有的非凡魅力。

壶口瀑布的西岸属陕西省延安市宜川县壶口乡，东岸则是山西省临汾市吉县壶口县，距临汾市169千米，距山西省省会太原市387千米。

游客朋友们，我们离壶口瀑布已经越来越近了，大家很快就可以目睹它的雄浑壮丽。那么，壶口瀑布是怎样形成的呢？我们都知道，黄河发源于青海，经四川、甘肃、宁夏，由西向东流到内蒙古的托克托县后，受吕梁山脉阻挡，折转向南，在晋陕峡谷中奔流。到吉县西部，山势乍收，河宽由300多米骤然收到20～30米，河水以万钧之势，惊涛怒泻，跌入落差为30多米的河槽，发出雷鸣狮吼的巨响，真可谓惊心动魄。远远望去，就像从茶壶中倾倒而出的水柱，这就是壶口瀑布。曾有人将成吨的铁块用铁链沉入河中，测试"壶"底深浅，可谁能想到，沉甸甸的铁块刚一入水便被激流冲得不知去向。试想，如果在此建造一座发电站将会产生多大的能量！

壶口瀑布由主瀑布和副瀑布组成。由北向南泻入"龙槽"的黄河主流为主瀑布，展现着壶口瀑布的磅礴气势；从两侧山石间挤入石槽的黄河水，形成了一屏剔透的水帘，则为副瀑布。主瀑布与副瀑布连成一线。虽说壶口瀑布有主、副之分，但特点不同，各有千秋。

壶口瀑布的落差极大，从而形成了五大景观："水里冒烟""彩桥通天""谷涧起雷""群龙戏浪""旱地行船"。下面我们将一一观赏。

首先看到的是"水里冒烟"和"彩桥通天"。由于瀑布落差较大，当水流倾泻而下，撞击在石槽中时，溅起密集的水雾，远远望去，犹如缥缈的烟雾。如果是晴天，蒸腾的水雾经过阳光折射，会出现一条彩虹。有人曾写诗赞道："水底有龙掀巨浪，岸旁无雨挂长虹。"不愧是壶口的一对"姊妹景"！

壶口瀑布入壶时，河水由于落差高、流量大，发出阵阵轰鸣，犹如万鼓齐鸣，数十里外可闻其声。这声响分秒不断，方圆十里均能听见，无论烈日当空，还是寒风凛冽、细雨蒙蒙，不分昼夜，轰鸣不断，因此这一奇特景观被称为"谷涧起雷"。

"群龙戏浪"是壶口瀑布的又一奇观。壶口瀑布跌入龙槽后，飞流直下溅起水珠四射，升腾的水雾经阳光折射，便可看到一道轮廓清晰、五彩缤纷、绚丽夺目的彩虹在瀑布之上。彩虹象征着幸运和美好，寓意着吉祥和如意。一旦彩虹浮出，游人便会欢呼雀跃，争相留影，记录下对五彩斑斓的幸福生活的憧憬。相传，古代有一对青年男女因隔河相恋而不能相会，龙王被感动便化作一道彩虹，架起一座彩桥，成就了一段美丽的姻缘。

壶口瀑布的另一奇特景观是"旱地行船"。由于壶口瀑布的落差很大，"饮龙槽"内水流湍急，冲击力可想而知。所以船行至此，必须卸下货物，拉纤上岸，滑行1000米，绕过瀑布，再入水续航。"旱地行船"时，数十人用绳子拖着船，众人喊着号子，唱着拉纤船歌，齐心协力，在壶口瀑布的吼声中，更显得气势豪迈。

游客朋友们，看过了壶口瀑布，领略了它的壮观与雄伟，您的心情一定比见到它之前更为激动吧！当我们静坐于瀑布之畔，目睹这汹涌澎湃的急流猛烈拍打着岸边，聆听那如雷贯耳的轰鸣，同时沐浴在连绵不断的细雨之中，定会引发无尽的遐想，领悟生命的真谛。在这里，倾听那惊天动地的怒涛雷鸣，我们能体会到中华民族在强敌入侵、受到欺凌压迫时的那种愤怒咆哮，能体会到中华儿女为国家强盛、人民富足全力拼搏时那种气吞山河、欲与天公试比高的气魄，也能体会到众多的海内外华人到这里来寻根问祖、探索中华民族血脉传承奥秘的心境。

由于四季气候的不同和黄河水量的差异，壶口瀑布四季的景色也各不相同。春季（4～5月），冰河解冻，河水从温柔转为愤怒，宛如狮吼虎啸，咆哮声震耳欲聋。成群的冰块接连不断地顺流而下，时而结成队伍，时而堆积如山，仿佛千军万马布阵，它们猛烈地冲撞着，直奔壶口而去。人们将这一壮观景象称为"三月桃花汛"。金秋时节，千溪万壑之水汇聚，壶口处的流量骤然增加，主、副瀑布不仅依然携手倾泻，而且瀑布宽、粗、大。河谷中习习秋风扑面而来，与雄浑的瀑布咆哮交织在一起，奇妙无穷。这就是令人难以忘怀的"壶口秋风"。这两个时期，黄河水大而稳，主、副瀑布连成一片，使人难以接近。远远望去，烟波浩渺，威武雄壮，大浪卷着水泡，奔腾咆哮着，以翻江倒海之势，滚滚而下。这两个时期是壶口瀑布的最佳观赏期。

夏季，壶口瀑布流量变小，落差加大，水柱冲天，气势宏伟，不再如春秋两季一般气势雄浑，但如果遇到下雨，则水量极速增加，河槽会被迅速淹没。这时，站在远岸观壶口瀑布，更是别有一番情趣。在一片汪洋中，一柱烟雾如一处仙境挺立在河中心，烟雾随风摇曳，仙境随雾变化。寒冬时节，冰封河面，瀑布失去了往日的狂奔怒号的野马性格，不再展现昔日那狂野奔放、咆哮如野马的气势，转而变成了一座冰清玉洁的水晶宫。岸崖上挂满了长短不齐、粗细各异的冰溜，晶莹剔透，玲珑奇巧，在阳光的照耀下异彩纷呈。此时的壶口瀑布银装玉砌、细流潺潺，给人圣洁高雅之感。

朋友们，大家都知道，我国有着众多的瀑布，如庐山瀑布、黄果树瀑布，它们都以自己的绝美景色吸引着各地的游人。然而，壶口瀑布却是世界上第一大黄色瀑布，有着其他瀑布所不能比拟的独特的黄土高原特色，其气势的壮阔险奇，万象迭起，聚天携地，惊心动魄，足以激起人奋发的勇气和拼搏的豪情。任何人身临其境，都会在大自然的威严面前，将自己的灵魂冲刷得干干净净。

黄河壶口瀑布，正是以其深广的哲理内涵吸引着中华儿女，人们视其为中华民族自强不息、昂扬奋发的精神象征，而这种精神，正是中华民族的"民族魂"！

（资料来源：王晓岗，裴炜，2013. 山西实用导游词一本全[M]. 太原：山西经济出版社，有修改）

点评解析

1. 结构和内容分析

标题"山飞海立民族魂——黄河壶口瀑布"，主副标题各司其职，既主题鲜明又立意高远，震撼人心。开头欢迎词简洁干净，迅速进入主题。既讲明旅游目的地，又与题目呼应，直接提出"民族魂"的由来，并且交代壶口瀑布的地位和价值。

正文部分，先介绍概况，用壶口瀑布的壮观直接体现黄河精神、中华民族精神，直抒胸臆，豪迈的语言将游客带入一种激动、期盼的情景中。接下来的内容以游客到达景区参观为界，分成前、后两个部分。前一部分重点讲解壶口五大景观，并分析壶口瀑布的成因，使其具有科学性，中间穿插传说故事、历史故事等调动游客的兴趣。后一部分是壶口瀑布游览结束后回程过程中的讲解，一方面通过亲身感受体会黄河精神，激发作为中华儿女的自豪感，使游客回味无穷；另一方面讲述了壶口瀑布的四季之美，给游客留下了无尽的遐想与祈盼。

结尾仍旧是简洁风格，再次呼应主题，回到壶口瀑布所代表的中华民族自强不息、昂扬奋发的精神象征，再次升华"民族魂"的主题。

2. 语言特色分析

这是一篇在自然景观讲解中比较有特色的导游词，符合自然景观讲解需要的科学性和艺术性的特征。首先，用比较通俗的语言深入浅出地讲解了比较难以理解的壶口瀑布的地质成因，前奏导入较好。其次，采用虚实结合法引入传说故事，既可以给游客一个缓冲和思考的时间，又可以给游客留下深刻的印象。例如，在讲解"群龙戏浪"时，引入的传说故事很容易引起共鸣。最后，修辞手法、诗词歌赋、精美词语的使用为导游词增添了色彩，同时也给游客留下了大量的想象空间。

3. 讲解方法分析

由于水体类旅游资源的特殊性，有些讲解可能要放在到达目的地之前，因此这类讲解要灵活，把握时机，而且要注意在讲解专业术语时，深入浅出，语言要通俗易懂。

创作训练

1）根据下列材料所提供的信息和要求撰写一则规范的水体景观导游词。要求：语言、形式上均符合要求；字数在 800～1200 字；要充分扩充与想象，不能照抄现成的导游词。

某湿地公园位于县城北面的边缘，面积约 20 平方千米，平均水深 2 米，最深处 5 米，其中一处水面面积达 5 平方千米的淡水湖是该公园最大的湖。公园中还有众多林木和泉眼。公园三面环山，最高峰海拔 1500 多米，山腰处有一高达百米的瀑布。公园内还建有一些娱乐设施和运动场所，如腾飞塔、过山车、旱冰场、游泳池，以及一座古香古色的茶楼等，是县城居民休闲和外地游客必游之地。

2）请查阅千岛湖概况，根据资料编写一篇导游词。

讲解训练

学生分组，每组 5～7 人，轮流扮演导游员、游客等角色，进行导游讲解训练。角色轮换，每个学生都要扮演不同的角色。通过小组自评、小组互评、教师评价（表5.1），确定个人的学习收获、能力水平和今后的努力方向。

表 5.1　水体景观导游词训练评分表

评价项目	评价内容	分值	自评	小组互评	教师评价
训练准备	积极主动参加小组训练讲解活动	10			
	熟练掌握水体景观的基础知识	10			
讲解展示	服装得体、容貌整洁、发型规范、化妆自然	10			
	举止得当、姿态规范	10			
	知识讲解完整、正确，重点突出，层次分明，思路清晰，逻辑性强	10			
	普通话标准、流利，吐字清晰，语速适中，语言生动，能引起共鸣	10			
	能灵活运用导游讲解的方法和技巧，能调动游客的积极性	10			
	自创导游词编写新颖、有创意	10			
	顺利完成范文景点实例讲解	10			
	顺利完成自创景点实例讲解	10			
总分		100			
努力方向					

拓展学习

水体景观导游词集锦

1. 西湖

西湖的形成历经变迁。很久以前它是与钱塘江相通的浅海湾，耸峙在西湖南北的吴山与宝石山，是环抱这个海湾的两个岬角，后来潮水的冲击导致泥沙淤塞，把海湾和钱塘江分割开来，地质学上把这种由浅海湾演变而成的湖泊称为潟湖。此后经过历代多次大规模的人工疏浚治理，西湖终于从一个自然湖泊变成风光秀丽的半封闭淡水风景湖泊。或许有的游客会问，西湖的水从哪里来的呢？据调查，除了降雨外，还有来自周围山间灌注的水源，最著名的有南涧和北涧、桃溪、胭脂泉、金沙泉、花港、惠因涧、长桥水、学士港。此外，20 世纪 80 年代杭州市政府投入人力和物力，完成了钱塘江引水工程，它使钱塘江水有控制地穿过南屏山流入西湖，平均 33 天给西湖换一次水，并设置了调解西湖水位的两个主要出水口：一是圣塘闸，经圣塘河流入运河；二是涌金闸，经浣纱河地下管道流入城河，最终也流入运河。

（资料来源：钱钧，2000. 华东黄金旅游线导游词[M]. 杭州：浙江人民出版社）

2. 九寨沟

九寨沟位于四川省西北部岷山山脉南段的阿坝藏族羌族自治州九寨沟县漳扎镇境内，系长江水系嘉陵江上游白水江源头的一条大支沟。

九寨沟是世界自然遗产、国家重点风景名胜区、国家 AAAAA 级旅游景区、国家级自然保护区、国家地质公园、世界生物圈保护区，也是中国第一个以保护自然风景为主要目的的自然保护区。

九寨沟的得名源自景区内有九个藏族寨子。九寨沟被世人誉为"童话世界"，号称"水景之王"，其高山湖泊群、瀑布、彩林、雪峰、蓝冰和藏族风情并称"九寨沟六绝"，九寨沟还是以地质遗迹钙化湖泊、滩流、瀑布景观、岩溶水系统和森林生态系统为主要保护对象的国家地质公园，具有极高的科研价值。

九寨沟是大自然鬼斧神工之杰作。这里四周雪峰高耸，湖水清澈艳丽，飞瀑多姿多彩，急流汹涌澎湃，林木青葱婆娑，被藏族同胞视为"神山圣水"。1992 年，世界自然遗产组织的官员第一次到九寨沟考察。当从沟口进去时，他们被大雨遮住了视线；当他们一行来到火花海景点时，天空突然放晴，阳光穿过雾霭，在空中画出了一道美丽的彩虹，他们被妖娆艳丽的火花海惊呆了。随即，他们俯下身跪在海子边上，向这大自然的造化叩拜。事后他们回忆说，这里的景色太美了，让他们太吃惊了。他们不曾想象，大自然竟有如此的鬼斧神工，将中国的九寨沟点画得如天仙般美丽。

他们的叩拜，是对大自然的敬仰。他们的叩拜，是感谢中国，为世界留下了一块瑰宝，为人间留住了一片仙境。

（资料来源：九寨沟景区官网 https://www.jiuzhai.com/about/jiuzhai-valley，有修改）

3. 桂林九马画山

距桂林 60 多千米，从兴坪溯江而上的漓江边有一石山，山崖巨壁上，黄白的颜色，浓淡相间，斑驳有致，细看山壁石纹可依稀辨出群马形象，如奔、如卧，似嬉，若啸，神态各异，此处便是著名的"九马画山"。

关于九马画山还有一个传说。相传孙悟空任弼马温时看管不严，神马便偷下凡间，在漓江边饮水时，被一画工看见，画工想描绘下来，结果马群受惊，慌乱中误入石壁而永留人间。由于它们均为神马所变，因而形态莫测，难以辨认。历代流传的歌谣"看马郎，看马郎，问你神马几多双，看出七匹中榜眼，能看九匹状元郎"也可说明辨认画山"马"不是易事。此外，山麓有"饮马泉"。山崖石壁上刻有"清漓石壁图"及"画山马图"几个大字。

古往今来，九马画山吸引了众多诗人、画家、学者和游人。清代学者阮元的"六年久识奇峰面，五度来乘读画舟"诗句，表达了他对九马画山的眷恋。

4. 巫峡

巫峡以幽深秀丽闻名中外。巫峡最享盛名的是巫山十二峰，峰峰奇绝，就像一串翠绿的宝石镶嵌在江畔，其中以神女峰最富魅力。由于巫峡湿气蒸腾不散，容易成云致雾，随时可见云雾或缠绕于山腰，或飘浮于江面之上，因此，古代文人墨客游历三峡时，感受最深的莫过于三峡的云和三峡的雨。

用巫山云比喻爱情的以唐代诗人元稹为甚。他在《离思五首·其四》中这样吟道："曾经沧海难为水，除却巫山不是云。取次花丛懒回顾，半缘修道半缘君。"据说，这是元稹为悼念亡妻而作的，诗中以巫山之云比喻他对爱妻的无限眷念之情——经历过沧海水、看过巫山云的人不再以其他地方的水云为美。诗人之挚爱与真情可谓感人肺腑。

美丽的山水加上美丽的诗句，可见巫山云雨乃是天下云雨之冠了。

巫峡小三峡更是王冠上的明珠，为天下绝境。小三峡雄奇之中又带着秀美，龙门峡峭壁高耸入云，巴雾峡云霞缥缈，滴翠峡水嫩苍翠。

5. 天涯海角

天涯海角风景区位于三亚市西南方向，具有迷人的热带风光和悠久的历史文化。要想看到天涯、海角的石刻，需要经过一段漫长的热带海岸沙滩。到达目的地以后，还要原路返回，如此经过千辛万苦才能体会到前人闯天涯海角的艰辛。走一回天涯海角，是人生的一大乐趣。朋友们，让我们一起去天涯系日，去海角揽月，留住这美好的时光。

📋 课后任务

撰写一篇介绍九寨沟的导游词，内容包括九寨沟的成因、特色、传说和故事，采用虚实结合法进行介绍。

任务 二 地质地貌景观导游词创作与讲解

🔌 任务导入

我国是一个多山的国家，山地面积占全国陆地面积的1/3，众多的山地造就了多样的山地旅游资源。在现代社会环境问题凸显的情况下，人类对回归大自然产生了强烈的愿望，而山地旅游资源较好地保持了原始自然风貌，正是人们旅游的热门选择。此外，山地旅游资源大多数是不可再生的资源，生态系统较脆弱，自然灾害频繁，抗干扰能力弱，系统结构易发生改变，功能易缺失。因此，导游员在讲解山地类旅游资源时，要兼顾地质特征和美学特征两个方面，同时在导游讲解中应传播环境保护理念。

学习目标

※　知识目标

● 掌握地质地貌景观的基本知识。
● 学会编写不同类型的地质地貌景观的导游词。

※　能力目标

● 能够熟练运用导游讲解技能，对所编写的地质地貌景观进行导游讲解。

※　素质目标

● 提升创新意识和导游职业素养。
● 增强对祖国大好河山的热爱，树立绿水青山就是金山银山的生态理念。

学习重点与难点

重点：编写地质地貌景观导游词。
难点：讲解地质地貌景观导游词。

基本知识

一、喀斯特地貌

喀斯特地貌（Karst Landform）是具有溶蚀力的水对可溶性岩石进行溶蚀等作用所形成的地表和地下形态的总称，故又称岩溶地貌。喀斯特来源于欧洲斯洛文尼亚共和国（原南斯拉夫西北部）的喀尔斯高原。喀尔斯高原是一个石灰岩地区，岩石裸露，形态千奇百怪。19世纪末，喀斯特的第一个理论概念是在这一地区建立的，它也因此变成了地学中的专用科学术语，并被世界各国普遍使用。在我国，岩溶等同于喀斯特。

喀斯特地貌分地表和地下两大类：地表有石芽与溶沟，喀斯特漏斗，落水洞，溶蚀洼地，喀斯特盆地与喀斯特平原，峰丛、峰林与孤峰；地下有溶洞与地下河、暗湖。

喀斯特地貌在中国分布最广，其集中分布于桂、黔、滇等省区，川、渝、湘、晋、甘、藏等省区部分地区亦有分布。例如，本溪水洞属于典型的高纬度喀斯特地貌。

二、钟乳石

钟乳石，又称石钟乳，是指碳酸盐岩地区洞穴内在漫长地质历史中和特定地质条件下形成的石钟乳、石笋、石柱、石幔等不同形态碳酸钙沉淀物的总称。

溶洞中由于洞顶渗入的地下水中二氧化碳含量较高，对可溶性石灰岩具有较强的溶蚀力，当这种溶液渗至洞内顶部出露形成水滴时，由于表面张力作用，水滴迅速释放出二氧化碳形成碳酸钙薄膜沉积，随着不断渗流、沉积，洞顶形成具有空心的管状沉积物，直径一般很小，称为石管。当石管外壁也有渗滴水流时，石管就不断加大而成乳状沉积物，即石钟乳。当水滴从石钟乳上跌落至洞底时，变成许多小水珠或流动的水膜，这样就促进了水滴中二氧化碳的散逸，而在洞底产生碳酸钙堆积，堆积物横切面没有中央通道，但具有同心圆结构，随水滴跌落不断由洞底往上增高形成锥状、塔状及盘状的沉积物，即石笋。由于重力作用，石钟乳和石笋相对增长，直至两者连接而成柱状体，即石柱。随着洞顶下渗的水溶液继续沿石柱表面堆积，石柱不断加粗。含碳酸钙的水溶液在洞壁上漫流时，因二氧化碳迅速逸散而产生片状和层状的碳酸钙堆积，即石幔，其表面具有弯曲的流纹，高度可达数十米，十分壮观。

三、地质地貌景观讲解技巧

导游员如果想把地质地貌景观讲解好，必须掌握地质地貌景观讲解的基本要求。

1）能根据景观特征辨别和判断不同的地质地貌景观。张冠李戴、指鹿为马可是会闹笑话的。

2）了解不同地质地貌景观的成因机制，能用简明扼要的语言向不同的游客讲解介绍。在向游客介绍的过程中，切忌长篇大论，数据、理论一大堆，否则游客听得云里雾里不说，导游员也会吃力不讨好。讲解成因以简明扼要为佳。

3）根据不同的地质地貌景观，结合文学作品向游客讲解，引导游客产生审美联想。各类特殊地质地貌在拥有天赋的自然美的基础上，加上千百年来人类的开发与保护，文人墨客的诗词歌赋、名僧的驻足停留、民间的神话传说等，都会使它们散发出更为绚丽的光彩。导游员在讲解过程中，要充分重视挖掘其中的人文内容，才能不落俗套。

4）因时、因地、因人而异地选择导游讲解方法，灵活组织导游语言。游览的最佳时间、最佳线路、最佳景点等都是相对的，客观上的最佳条件若缺少主观上圆满的导游艺术的运用和发挥，就不可能达到预期的导游效果。游客的审美情趣各不相同，不同景点的美学特征千差万别，大自然又千变万化、阴晴不定，游览时的气氛、游客的情绪也随时变化，所以，即使游览同一景点，导游员也应根据季节的变化，时间、对象的不同，灵活地运用导游知识，采用切合实际的方式进行导游讲解。总之，导游讲解的内容可深可浅，可长可短，可断可续，一切需视具体对象的时空条件而定，切忌千篇一律、墨守成规。

范文示例

九乡溶洞（节选）

游客朋友们，大家好！

有句话叫"地上看石林，地下看九乡"，九乡与著名的石林同属喀斯特立体景观，但其美不在峰林，而在于溶洞。作为国家地质公园，九乡是一个神奇的地方，它拥有大小溶洞上百个，成群、成层分布，被专家们誉为"溶洞博物馆"，而九乡独特的地缝式峡谷犹如斧劈刀削一般出现在地面上，无不彰显出大自然的鬼斧神工。作为国家级风景名胜区和国家 AAAA 级旅游景区，九乡又是一个美丽的地方，美丽的自然风光、良好的生态环境和悠久的历史文化，无不透露着九乡的多姿多彩。

九乡风景之美，疑为天上宫阙。这里有怪石嶙峋的地下溶洞，有磅礴开阔的山川峡谷，也有雄浑壮丽的瀑布，荫翠峡、惊魂峡、雄狮大厅、神女宫、雌雄双瀑等皆驰名中外，下面就请大家跟随我的脚步一起参观。

[荫翠峡]

由于复杂的地质演化，"峡"与"洞"成为九乡的突出奇观。荫翠峡，两岸古崖苍茫，时有怪石欲坠，又多地表钟乳。荫翠峡又名"情人谷"，被誉为"滇中第一幽峡"，是叠虹桥景区的第一站。"情人谷"因当地的彝族小伙和姑娘们常来峡谷两岸对唱山歌、谈情说爱而得名。游览荫翠峡，就得泛舟其中，方能领略清幽迷人的景致。坐在小船上，脚下是悠悠流淌的麦田河水，两岸崖壁峻峭，古木参天，越往前走越是幽静，虫鸣鸟叫声清晰可闻。

麦田河系珠江支流。它发源于曲靖市马龙区纳章镇南部牛头山东麓，主河道长 69 千米，在宜良境内汇入南盘江，再注入珠江，最终汇入南海。在峡谷两岸，可以看到很多钟乳石。大家可能有这样的疑惑，钟乳石只有在溶洞里才能形成，可荫翠峡只是一个地表峡谷，为何这里也能长出钟乳石呢？这条峡谷最早期是一个两岸山体相连的溶洞，洞壁上已经形成了钟乳石景观。后来，由于地壳运动，洞顶垮塌，钟乳石也就随之暴露了出来。随着年月更迭，自然生长出了苍翠的林木，就形成我们现在所见的景观。

[惊魂峡]

与荫翠峡的静谧不同，惊魂峡凸显了它的"惊魂"本色。惊魂峡是由洞外峡谷延伸而成的地下大峡谷，长约 200 米，是目前我国国内发现的最为壮观的地下大峡谷之一。惊魂峡顶部光滑圆润，两岸如刀劈斧削一般陡峭险峻。从峡底到洞顶将近百米，峡中最窄处只有三四米宽，游客走过无不感到惊心动魄，故以"惊魂"命名。当初景区开发时，工人们是用绳索悬吊在绝壁上工作的，稍有不慎，便会掉进深渊。说到真正的魂飞魄散，还请大家抬头看，头顶上方有一座铁桥，那是景区开放初期使用的一座铁桥，这座桥名叫断魂桥。桥高60余米，走在桥上，只见峡底一线流泉，惊险程度可想而知。

从惊魂峡的深处回头望，我们可以看到一线天光从穹顶倾泻而入，勾勒出一道特殊的"一线天"风景。巧合的是，由于强逆光的作用，形成剪影效果，整个洞口看上去就像一把钥匙，暗示我们由此开启探索神奇九乡的奥秘之门。

[古河穿洞]

由于麦田河水流年深日久的溶蚀、切割、冲刷，几经改道，在惊魂峡谷的尽头，雕琢出了数层洞中有洞的"古河穿洞"奇观。古洞两端与暗河河道相连，洞中洞穴与洞穴之间又彼此连通，走在其中，恍如走进一个地下迷宫。

古洞两壁形状各异，研磨光滑的奇石景观，和普通的钟乳石不同，它是天然的岩石经过水流长期冲刷、侵蚀、雕琢而成的。大家仔细观察的话，还可以看到较为清晰的纹路，这种纹路被称为水纹线。据专家考证，这些纹路形成于200万年前。

来到古洞口，抬头可以看到两座天生石桥，这就是洞中有桥的奇观了。

在天生桥的上方，我们还能看到两座天然形成的石钟乳，其中一座形似驼背的老人，另一座似一只神龟。这是著名的"老人与龟的对话"，远远看去，他们似乎正在探讨长寿的秘诀。

[雄狮大厅]

前行至雄狮大厅，豁然开朗。雄狮大厅面积15 000平方米，因南边洞口天生桥上的一座石钟乳酷似一只雄狮而得名。电影《神话》中秦陵地宫中夺宝的片段，就是在雄狮大厅里取景的。雄狮大厅是由于古老的暗河河水在此地盘旋冲刷，水流将空气压缩在顶部，加上水流快速流动，空气和水流快速对冲不断研磨形成的。后来由于河水改道干涸，就留下了现在蔚为壮观的雄狮大厅奇观。

站在雄师大厅，您会发现整个大厅的顶部由一个浑然天成完整的板块构成，这个板块可谓天衣无缝，没有一根石柱支撑，却完美地庇护雄狮大厅千万年的岁月。仔细观察洞顶，会发现几个蜂窝状洞穴，这些洞穴具有天然的滤音效果，形成一个天然的地下音乐大厅。

这是九乡洞穴博物馆，这里陈列着九乡张口洞出土的十余万年前的九乡古人类文物，其中多坑石器为国内首见。九乡奇石展览，收藏了稀有的天然奇石和矿物晶体石。

在九乡的暗河系统中，生活着世界珍稀鱼种，盲鱼金线鲃，是我国有记载的盲鱼种类中个体最大的一个鱼种。由于长期生活在溶洞暗河里，没有光线，眼睛已经退化，只留下两个眼窝，又被称为"有眼无珠"鱼。

[神女宫]

来到九乡，最不可错过的当然是这里天然形成的各种溶洞。溶洞是大自然赐予九乡的宝贵财富。经过千年阳光的沐浴、风雨的洗礼、时间的沉淀后，形成了规模较大、数量较多的洞穴群落。其间龙腾瑶池，虎踞灵虚，百洞相接，洞外有洞。溶洞中矗立千奇百怪的石笋和石钟乳，奇洞怪石，玲珑剔透，参差嵯峨，巧夺天工，琳琅满目，美轮美奂，无不彰显大自然的鬼斧神工。其中，神女宫是地下喀斯特风光的一个典型代表。

在神女宫内，各种钟乳石丛林立，形态各异，在五彩斑斓的灯光照射下，更是美轮美奂，如同人间仙境。在神女宫的门口，立着一株高大的石树，传说这是嫦娥仙子从月宫带来的。在石树两边的洞壁上，美丽的石花攀缘而上，与浓密的树冠相连相依，融为一体，组成"玉树琼花"的美景。

此外，洞内还有一座天然形成的石桥名为鹊桥，桥的两头是神似牛郎和织女的两块石头。据说只要诚心诚意走过鹊桥，未婚的朋友们会有情人终成眷属，而已婚的则会家庭美满幸福。这大自然的景观是三分形象、七分想象，大家不妨在游览过程中尽情地发挥自己的想象力，挖掘更多的神奇景致。

[雌雄双瀑]

出了神女宫后，我们继续往前走大约 500 米，就来到了叠虹桥景区的另一个溶洞——卧龙洞。麦田河在洞中蜿蜒盘旋，形似一条长龙横卧于此，此洞因此得名。卧龙洞地处地下深处，在游览时会一直下台阶，因此大家要格外注意，小心路滑。在卧龙洞内，有两大绝景，一个是洞内双飞瀑——雌雄双瀑，另一个是大型边石湖群——神田。走过攀虹桥后没多久，我们就到了有着"九乡魂"之称的雌雄双瀑。雌雄双瀑是中国最壮观的地下瀑布。它从 30 多米高的悬崖上猛然坠下，一高一低，一矮一胖，飞瀑直下，一泻千里，雄伟壮观，震耳欲聋，似一对缠绵的情侣难舍难分。

雌雄双瀑是九乡的灵魂，展示着九乡山水的伟岸壮美。麦田河水在地下溶洞中匆匆流淌，河水在扑入卧龙洞时，被河道中高耸的巨石从中劈开，一分为二，泻入壑底，才形成这两个巨大的暗河瀑流。雌雄双瀑落差大约有 30 米，潭深 10 余米，跟所有的瀑布一样，它最佳的观赏时间是夏秋季节的丰水期。那时，它的最大水流量可以达到 320 米^3/秒，如万马奔腾，气势雄浑。

[神田]

在九乡百余米的大地之下，有一种被称为是"神田"的地质奇观。这种"田"造型很像我们常见的梯田，但是它看起来更像是法力无边的神仙所造，故得此名。

神田的地质学名为边石坝，在九乡由于其规模巨大，数量众多，而被国内外洞穴专家称为边石坝群。据专家考证，在全世界已开发的 2000 多个溶洞景区中，九乡的神田是洞内规模巨大、数量众多的边石坝群，其中最大的一块面积近百平方米，水深 3～4 米。神田正中，有一座突兀的石山名叫独秀峰，据考证它实际上是洞顶落石，被洞顶滴水中的碳酸钙结晶体包裹而形成的，独秀峰造型峻峭柔美，使人百看不厌。

[彝家寨]

彝家寨是叠虹桥景区仅次于雄狮大厅的第二大厅，面积约 5000 平方米。因为这里有几组自然景观酷似彝家村寨的风貌，再加上这里的民族歌舞表演再现了彝族的民风民俗，故取名为彝家寨。

[蝙蝠洞]

现在我们来到了景区之旅的最后一个洞——蝙蝠洞。

蝙蝠洞因在开发以前洞内栖息着数以万计的蝙蝠而得名，后来，由于灯光照射、游客观赏的缘故，大多数蝙蝠已经飞到附近的其他洞穴里去了。蝙蝠洞洞内独特的景观叫作"风吹石弯"，由于洞顶石钟乳滴水逐渐被强劲的气流吹移凝集而成，久而久之，形成了旁逸斜出的形态。其规模庞大，形成倒石林景观，看上去就如石林倒悬于洞顶，使这里成为游玩叠虹桥景区不得不来的一处胜景。

....

至此，整个景区的游览就结束了，相信您一定已经有了一次上天入地的奇妙体验，相信九乡溶洞的游览，能给您留下一段美好的记忆。

（资料来源：根据网络资料整理）

点评解析

1. 结构和内容分析

这篇导游词主要包括景区概况，中间穿插喀斯特地貌的成因、景观特征等内容，并涉及这类景观的参观游玩方法及注意事项，表述准确。

开头：欢迎词简单明了，迅速切入主题。交代了旅游目的地的同时又点出了九乡溶洞的价值和地位，转折过渡自然、到位。

正文：采用移步观景、层层递进、设置悬念等方法，给游客留下"山重水复疑无路，柳暗花明又一村"的感觉。

结尾：对整个导游过程进行了简要的总结，引起游客的回忆和共鸣。

2. 语言特色分析

这是一篇带团实用导游词，通俗易懂，语言生动亲切，引导及时到位，充分调动了游客的积极性，整体氛围轻松愉悦，带给游客十分美好的旅游体验。

1）用直白却有分量的语言告诉游客景区的地位和价值，让游客觉得不虚此行。

2）文中采用排比、比喻、比拟等修辞手法，语言生动形象、通俗易懂又具有一定的文采及专业水准。

创作训练

根据下列材料提供的信息，撰写一段九乡风景区导游词。要求：①语言规范，表达得体，内容切题，条理清楚，符合导游语言要求；②按照材料中提到的概念、信息和景观意象，进行准确、恰当的解释、扩充与想象，不能照搬某一景点现成的导游词；③字数控制在 500～1000 字；④在选材、角度、结构、表达方面要有一定的创新性和思想深度；⑤根据训练完成情况，进行自评、小组互评和教师评价（表 5.2），从而确定个人学习收获、能力水平和努力方向。

九乡风景区是国际洞穴联合会会员，国家级重点风景名胜区，位于昆明市宜良县九乡彝族回族乡境内，距省城昆明约 90 千米，距石林风景区 30 多千米。它是以溶洞景观为主体，融洞外自然风光、人文景观、民族风情为一体的综合性风景名胜区。

九乡风景区地处山区、气候温凉，区内峰峦连绵，山峰谷底相对高差 200 米左右，地表海拔在 1750～1900 米，地势起伏不大，显示出溶洞分布区内地势上升，河流下切侵蚀的青幼年期河流地貌景观。九乡境内森林茂密，覆盖率达 62.3%，珍贵动、植物资源丰富。张口洞古人类居住遗址，代表了我国南方一种独特的旧石器文化，被称为"九乡一绝"。

关于九乡溶洞的形成，国际国内洞穴科学家考察后论证如下：九乡溶洞群发育于 6 亿年前古老的震旦纪灯影组浅海沉积的灰白色含硅质条带的白云岩中，这是一个非稳定断裂的、溶蚀与侵蚀叠加的岩溶洞穴系统。

表 5.2 地质地貌导游词训练评分表

评价项目	评价内容	分值	自评	小组互评	教师评价
训练准备	积极主动参加小组训练讲解活动	10			
	熟练掌握地质地貌的基础知识	10			
讲解展示	服装得体、容貌整洁、发型规范、化妆自然	10			
	举止得当、姿态规范	10			
	知识讲解完整、正确，重点突出，层次分明，思路清晰，逻辑性强	10			
	普通话标准、流利，吐字清晰，语速适中，语言生动，能引起共鸣	10			
	能灵活运用导游讲解的方法和技巧，能调动游客的积极性	10			
	自创导游词编写新颖、有创意	10			
	顺利完成范文景点实例讲解	10			
	顺利完成自创景点实例讲解	10			
总分		100			
努力方向					

拓展学习

洞穴旅游和喀斯特地貌类型

1. 洞穴旅游

溶洞又称地下洞穴，它是地下水沿着可溶性岩体的层面、节理或裂隙进行溶蚀扩大而成的空洞。溶洞中的喀斯特形态主要有钟乳石、石笋、石柱、石幔等。

溶洞不仅景观奇特，而且有的洞内还有地下河、地下湖，有的洞内有题刻、壁书、古建筑、人类活动遗迹等人文景观，具有奇、险、幽等美学特征，可供开展游览观赏、科学考察、探险等旅游活动。

洞穴旅游每年吸引了数千万游客，之所以能吸引大量游客，原因在于：人们居住和活动的范围一般在地表，对地下常年恒温、绮丽虚幻的洞穴存在好奇心与神秘感；洞穴还往往与古代寺庙建筑、摩崖佛雕、古代诗文以及书法艺术等结合在一起，游览洞穴可增加对古代文化、艺术、宗教、建筑等方面的认识；还给人们提供探险、科学考察、治疗某些慢性疾病的条件与机会。

导游员在进行洞穴导游讲解时，要注意洞穴景观的独特性，洞穴规模、洞穴构造、洞穴堆积状态等景观特征和美学特征，还要注意与其他自然景观、人文景观相结合来讲解和欣赏。例如，桂林七星岩具有多层溶洞，仅中层溶洞面积就达1万多平方米，能容纳数万人，是罕见的"地下宫殿"，它与漓江等景点一起构成了桂林风景名胜区，山、水、洞缺一不可。

2. 喀斯特地貌类型

喀斯特地貌有不同的类型。按出露条件分为裸露型喀斯特、覆盖型喀斯特、埋藏型喀斯特。按气候带分为热带喀斯特、亚热带喀斯特、温带喀斯特、寒带喀斯特、干旱区喀斯特。按岩性分为石灰岩喀斯特、白云岩喀斯特、石膏喀斯特、盐喀斯特。此外，还有按海拔、发育程度、水文特征、形成时期等不同的划分。由其他成因而产生形态上类似喀斯特的现象，统称为假喀斯特，包括碎屑喀斯特、黄土和黏土喀斯特、热融喀斯特和火山岩区的熔岩喀斯特等。它们不是由可溶性岩石构成的，在本质上不同于喀斯特。

溶沟和石芽：喀斯特地貌地表水沿岩石表面流动，溶蚀、侵蚀形成许多凹槽，称为溶沟；溶沟之间的突出部分叫石芽。

石林：一种高大的石芽，高达20~30米，密布如林，故称石林。它是由于石灰岩纯度高、厚度大、层面水平，在热带多雨条件下形成的。

峰丛、峰林和孤峰：峰丛和峰林是石灰岩遭受强烈溶蚀而形成的山峰集合体。其中，峰丛是底部基座相连的石峰，峰林是由峰丛进一步向深处溶蚀、演化而形成的。孤峰是岩溶区孤立的石灰岩山峰，多分布在岩溶盆地中。

溶斗和溶蚀洼地：溶斗是岩溶区地表圆形或椭圆形的洼地；溶蚀洼地是由喀斯特地貌形成的封闭或半封闭的洼地，其四周通常被低山、丘陵和峰林所包围。若溶斗和溶蚀洼地底部的通道被堵塞，可积水成塘，大的可以形成岩溶湖。

落水洞、干谷和盲谷：落水洞是岩溶区地表水流向地下河或地下溶洞的通道，它是岩溶垂直流水对裂隙不断溶蚀并随坍塌而形成的。在石灰岩地区，河床上通常会有落水洞，河水流经就会全部被截入地下，由此形成的干涸河床叫"干谷"；有的河流全部流入溶洞之中，成为没有出口的河谷，则叫"盲谷"。

📋 课后任务

结合当地的实际，选取一个你感兴趣的地质地貌景观景点，查找资料，实地考察，编写导游词，并进行模拟导游讲解，完成讲解任务。

任务三　动植物景观导游词创作与讲解

💡 任务导入

凡是具有旅游观赏价值的植物或动物资源及其相关内容，统称为动植物景观，它包括植物景观和动物景观两大类。动植物是自然界最具活力的组成部分，丰富多彩的动植物使地球生机盎然。动植物具有美化环境、装点景致、分隔空间、塑造意境的功能，并在维护大自然生态平衡方面起着主要作用。很多动植物具有较强的美学特征，是可以发展为生态旅游的宝贵资源。随着旅游活动的普及和深入，赏花旅游、观鸟旅游、狩猎旅游、垂钓旅游、科学考察旅游、森林旅游等生态旅游项目越来越受游客的青睐。

💡 学习目标

※　知识目标

● 了解动植物景观的分类及特征。
● 学会编写不同类型的动植物景观导游词。

※ 能力目标

● 能够熟练运用导游讲解技能，对所编写的动植物景观导游词进行导游模拟讲解。

※ 素质目标

● 提升创新意识和导游职业素养。
● 提高环保意识和对动植物科普的兴趣。

学习重点与难点

重点：编写不同类型的动植物景观导游词。
难点：对所编写的动植物景观导游词进行流利的导游模拟讲解。

基本知识

一、植物类旅游景观分类

1. 观赏植物

观赏植物主要可分为观花植物、观果植物、观叶植物、观形植物。中国观花之地众多，如苏州吴中（梅花）、洛阳（牡丹）、杭州（玉帛玉兰林）、云南（奇花异卉大观园）、贵州（百里杜鹃林）、漳州（水仙）、扬州（琼花）、广州（菊花）、常德桃源（桃花）等。

2. 珍稀植物

珍稀植物是指在经济、科学、文化和教育等方面具有重要意义而现存数量稀少的植物物种。水杉、银杏、鹅掌楸被列为世界"三大活化石植物"。世界上极为珍贵又极为稀缺的植物：世界上最大的莲——王莲，热带雨林巨树——望天树，蕨类植物之冠——桫椤，奇异的长命叶——百岁兰，世界植物活化石——水杉，中国的鸽子树——珙桐等。

3. 风韵植物

风韵植物是指有意境和寓意的植物。自然界的许多花草树木有一定的含义和意境，如茫茫的大草原使人胸怀开阔，林中小径和竹林使人有超凡脱俗之感。植物的风韵包括叶之风韵、花之风韵、果之风韵、树之风韵。叶之风韵有松、柏寓坚贞，松、竹寓高洁等；花之风韵有白菊寓真实、紫丁香寓初恋、百合花寓纯洁等；果之风韵有红豆寓相思等；树之风韵有柳寓依恋等。植物组合之风韵有"园中三杰"的玫瑰、蔷薇、月季，"花草四雅"的兰花、菊花、水仙、菖蒲等。

4. 古树名木

古树是指树龄在 100 年以上的树木；名木是指具有重要历史、文化、科学、景观价值或者具有重要纪念意义的树木。我国著名的古树名木有北京天坛九龙柏、潭柘寺古银杏、戒台寺五大名松、黄帝手植柏、泰山五大夫松等。山东曲阜孔林是我国最大的名贵古树园，北京是我国古树名木最多的城市之一。

5. 名贵花卉

花是植物最美的部分，花色、花姿、花香、花韵是游客观赏的主要对象。花以特有的风韵吸引着人们。我国十大名花：梅花、牡丹、菊花、兰花、月季、杜鹃、茶花、荷花、桂花、水仙。

二、植物景观讲解技巧

1. 从资源分布讲解植物的类别

讲解时突出植物类别。植物根据茎部的木质化程度，通常可分为木本和草本两类，木本植物又分为乔木和灌木两种。乔木植物有明显的主干，树形高大粗壮；灌木植物无明显主干，树形低矮，呈丛生状。根据生长习性差异，草本植物又分为一年生、两年生及多年生草本植物。植物中最常见的是种子植物，种子植物又分为裸子植物和被子植物两类。裸子植物只开花、结种子，但是不结果实，如松、柏、杉等；被子植物既开花也结果，种子被包裹在果皮之中，如桃、李、杏、梨等。

2. 从美的内涵讲解植物的特色

植物有形、色、味、声、古、幽、光、影及风韵等诸多美感，是观赏的主要内容。导游员在讲解中要突出树木花草的这些特色，使游客领略到更多的美。

1）讲解时突出形态。植物花卉的形态美是导游员介绍花卉特色及区别花卉品种的首要内容，如观叶可区分牡丹和芍药的差别，同是带刺的"花卉三姐妹"玫瑰、蔷薇、月季，在一般人看来很难区分，导游员必须熟知这些知识，帮助游客加以识别。

大自然的花草树木，高低不同，大小不一，千姿百态，风格迥异。银杏、水杉等乔木可以长到几十米高，有些草木却只有几厘米高；王莲的叶子上可以坐一个小孩子，浮萍的叶片直径不足 1 厘米。树形或是挺拔雄健，或是婀娜多姿，形状各异。白杨像直插蓝天的宝剑，荔枝却"树形团团如帷盖"；水杉如宝塔，雪杉却像巨伞；松柏遒劲刚直，柳树万条丝绦。如此丰富的形态，给了游客更多的审美感受。树叶和花形也是多彩多姿。叶有单叶、复叶、全叶、裂叶之别，形状有桃形、圆形、梭形、扇形之分；花有大、小、繁、简之分，层次有单层、多层之别。凌霄花似一口倒挂的金钟，牵牛花像喇叭，更奇妙的是堪称"绿色国宝"的珙桐花，看上去像一只可爱的白鸽。菊花更是姿态万千，令人眼花缭乱，美不胜收。

2）讲解时突出色彩。植物花卉的茎、叶、花、果都有不同的色彩，给人以多种色彩美。所谓姹紫嫣红，就是对花卉色彩的描绘。"千里莺啼绿映红"，绿色是植物最基本、最普遍的色彩，因为叶绿素的光合作用是植物赖以生存的重要生理机制。但并非所有植物的叶子都是绿色的，如紫苏的叶子就是深紫。也有的植物构成了自然界的色相景观，如北京香山的红叶、江西婺源的油菜花等都赋予大自然蓬勃的生机。

3）讲解时突出香味。植物的茎、叶、花、果，不仅装饰了自然景观，有的还散发出沁人心脾的芳香，给人以无限欢快的嗅觉美，能让人精神为之一振。无论是香远益清的荷花，浓香扑鼻的桂花，还是幽香缕缕的兰花，清香阵阵的梅花，它们的美与那诱人的芬芳是分不开的。同是对梅花的描写，"暗香浮动月黄昏"的嗅觉美使"疏影横斜水清浅"的视觉形象变得更加真实和生动，使美感趋于立体化。有些花主要依靠香气吸引人们观赏，如桂花的花形很小，颜色也不是那么鲜艳，但由于它的香气浓烈，在秋风中可以飘出数里外，为人们所喜爱。

3. 讲解时突出植物的性能

许多植物除了具有审美价值外，还具有实用价值。有的植物有药用价值，成为中国博大精深的中草药的主要来源；有的植物具有经济价值，可用来制作各种生活用品及工艺品；有的植物还有食用价值，成为人们餐桌上的美味佳肴。导游员在讲解中应突出介绍植物对温度、气候、土壤条件各方面的要求和分布特点，如白杨的生长特性、银杏的雄雌异株等。

4. 从品质内涵讲解植物的寓意

有些植物富有深刻的寓意，容易使人获得稳定而丰富的意境和精神上的安慰。我国人民自古有通过植物寄托感情和理想的传统，如苍松象征高洁、刚强、长寿；竹象征刚直、清高、虚心；梅花象征傲骨、孤傲；荷花象征洁身自好。周敦颐在《爱莲说》一文中说："予谓菊，花之隐逸者也；牡丹，花之富贵者也；莲，花之君子者也。"指出了菊花、牡丹花和莲花的寓意美。

三、动物类旅游景观分类

1. 观赏动物

动物是大自然的精灵，充满活力，其形、态、声、色及珍稀性均具观赏价值。形主要是指动物的形体特征，态主要是指动物的行为动作，声主要是指动物口中发出的声音，色主要是指动物适应生活环境的保护色，因此可将观赏动物分为观形动物、观态动物、观色动物、听声动物。孔雀开屏、长颈鹿的长脖子、斑马身体上的斑纹等就极具观赏价值。

2. 国家保护动物

国家保护的野生动物有两种：珍贵、濒危的陆生、水生野生动物和有重要生态、科学、社会价值的陆生野生动物。国家重点保护的野生动物分为一级保护野生动物和二级保护野生动物。国家一级保护野生动物主要有大熊猫、金丝猴、白鳍豚、白唇鹿、扬子鳄、丹顶鹤、朱鹮、云豹、东北虎、华南虎、高鼻羚羊、麋鹿等。

3. 迁飞动物

为了繁殖、捕食及寻找更舒适的环境，许多动物群体有季节性迁徙的本能，它们在迁徙时可形成极具规模的空间胜景。迁飞主要是指某些鸟类或昆虫离开原来生活的地方，成群飞到较远的地方去，如昆明的红嘴鸥、鄱阳湖的鹤、扎龙的丹顶鹤、青海湖鸟岛的鸟等，都会随季节迁飞。地球上也有多种蝴蝶随季节迁飞，台湾高雄的蝴蝶谷闻名世界，云南大理蝴蝶泉也是著名的旅游景点。

四、动物景观讲解技巧

动物景观导游讲解要突出动物的奇特性和珍稀性。

1. 突出奇特性

奇特是指动物在形态、习性等方面的奇异性与逗乐性。动物能活动、迁徙，进行种种有趣的表演，对游客的吸引力大。长江中下游的扬子鳄、主产于南方各地的娃娃鱼、东北的狍、云南的金丝猴等，都具有奇特性。

2. 突出珍稀性

物以稀为贵，特有的、稀少的，甚至濒临灭绝的动物，往往成为人们注目的中心。如弹琴蛙、扬子鳄、褐马鸡、朱鹮、丹顶鹤、黑颈天鹅、大熊猫、白唇鹿、东北虎等，都是集观赏价值与保护价值于一身的珍稀性动物。

范文示例

林盛教学基地导游词

各位老师、同学们，大家好，欢迎大家来到辽宁生态工程职业学院林盛教学基地开展研学活动，我是林盛教学基地的讲解员，很高兴能为大家提供讲解服务。

首先我们来了解一下辽宁生态工程职业学院林盛教学基地的概况。基地建于 2002 年，位于苏家屯区林盛街道四方台村，距离沈阳市区 13 千米，占地面积 300 亩。基地内主要建有国家生物技术实训基地，海棠园、中国园（励精园）、法国园、励艺园、励业园等各种风格园林景观，环兰花路植物配置类型展示区，精品苗木栽植示范区等，共栽植各种树木品种 97 种，花卉苗木品种 35 种。基地先后被评为"国家林业科普基地""辽宁省林业科普基地""辽宁省自然教育基地""沈阳市爱国主义教育基地"等，是集研学、科普、实践、观光、旅游、采摘于一体的现代园区。现在就让我们一起走进纯净的大自然的怀抱，寻找小松鼠、小刺猬、灰喜鹊等小动物的踪迹，揭开海棠、东北红豆杉、金叶榆等植物的神秘面纱吧。

[海棠园]

大家猜猜眼前这片红艳艳的花海中的花是什么花？对，是海棠花。海棠花姿潇洒，花开似锦，自古以来是雅俗共赏的名花，素有"花中神仙""花贵妃""花尊贵"之称。海棠素有"国艳"之誉，栽种在皇家园林中常与玉兰、牡丹、桂花相配植，形成"玉棠富贵"的意境。历代文人多有脍炙人口的诗句赞赏海棠，如陆游的"虽艳无俗姿，太息真富贵"形容海棠艳美高雅。

[中国园（励精园）]

我们现在所在的位置是中国园。之所以叫中国园，是因为这里的造园手法以自然景观为底蕴，嵌入园林景亭、景墙、景桥、廊架及园林水景，以追求自然精神境界为最终和最高目的，从而达到"虽由人作，宛如天成"的审美意趣。中国古典园林是中国五千年文化史造就的艺术珍品，被尊称为世界园林之母、人类文明遗产。最具代表性的古典园林有北京颐和园、承德避暑山庄、苏州拙政园和留园等。

（路面展示）眼前的 5 座建筑小品是 5 种路面的展示品。前排从右向左依次是鹅卵石路面、塑胶路面、水泥路面；后排从左向右依次是火烧板路面和碎拼路面。鹅卵石被广泛应用于公共建筑、别墅院落、庭院建筑的路面，常走鹅卵石路具有强健身体之功效，它既弘扬了东方古老的文化，又体现了西方古典、优雅、返璞归真的艺术风格。塑胶路面主要用于体育跑道、足球场、篮球场等需要减震、防滑的场地，突出特点是防滑、防晒、耐磨和阻燃。水泥路面在公路、城市道路及机场道面中使用非常普遍，这是一种刚度较大、稳定性好和使用寿命长的路面结构。火烧板是在花岗岩表面用液化气和氧气通过高温的火焰烧过，由于受热不均匀膨胀不同，形成有些许凹凸像荔枝面一样的效果，具有防滑作用，这种材质的路面常用于人行道、公路、室内地面和墙上。碎拼路面是用轧制的碎石铺压而成的路面，可以就地取材，既复古又有艺术气息。

（山楂树）大家猜猜这是什么树？对了，是山楂树，山楂树为落叶乔木。山楂果皮鲜红色，有淡色斑点，10 月中下旬成熟，味酸稍甜。在栽培上，山楂树具有结果早、寿命长和耐粗放管理等优点。对环境要求不严，山坡、岗地都可栽种。其抗寒、抗风能力强，一般无冻害问题，可以在沙荒地和荒山栽培。

亭是中华民族的传统建筑，四周敞开，供人们停留、观览，也用于典仪。从形状上来说，有四角亭、六角亭、八角凉亭、扇形凉亭；从垂直方向分有单檐亭和重檐亭。眼前的这座凉亭就是单檐扇形凉亭。形式各异的亭流传了几千年，故有无亭不成园之说。

水景是园林景观设计中的重要组成部分，营造动静结合的艺术氛围。动态的水，有喷泉、瀑布、溪流，它们以流动的形式带给人们动感之美。静水带给人们淡然、静谧的感受。静坐亭中，山石树木，行云流水，鸟飞花落，动静交织，自成佳趣。

景墙是中国古代园林建筑中常见的小品，形式不拘一格，功能因需而设，材料丰富多样。除了人们常见的园林中作障景、漏景及背景的景墙，很多城市更是把景墙作为城市文化建设、改善市容市貌的重要方式。

（植物雕塑）大家猜猜眼前的这两座植物雕塑是什么动物？对了，左边的是骆驼，右边的是长颈鹿。大家一眼就看出来了，说明造型还是很生动逼真的。你们知道植物雕塑是怎么做出来的吗？大家在幼儿园的手工课上一定做过灯笼。植雕，就是采用类似的做法，利用铁丝、铁条、木条这样的支撑物搭建具有特定外观造型的支架结构，再铺设不同颜色的植物到支架结构的外表面上，打造出具有特定图案的立体造型，如卡通主角、动物的造型。在基地还有一处植物雕塑造型，大家可以慢慢寻觅，找到了可以告诉我答案。

大家留意一下脚下的路面，是不是很熟悉？这就是我们刚才看到的路面展示中的一种，有谁知道是哪种路面？答对有奖哦。对了，是碎拼路面，是不是很有文艺范呀？

[法国园]

眼前这座气势恢宏的庭院，大家是不是在哪儿见过？对，它就是法国巴黎凡尔赛宫的缩小版，有迷宫、喷泉。法国凡尔赛宫和北京故宫、英国白金汉宫、俄罗斯克里姆林宫和美国白宫并称为世界五大宫殿，被列入《世界文化遗产名录》。

法式园林突出轴线，强调对称，布局为中轴线对称。由著名法国造园家勒诺特尔主持设计的凡尔赛宫花园（皇家园林）便是法式园林的代表作之一。

法国园林的造园手法是：在花园中，中央主轴线控制整体，辅之几条次要轴线，外加几条横向轴线。所有这些轴线与大小路径组成了严谨的几何格网，主次分明。轴线与路径伸进林园，将林园也纳入几何格网中。轴线与路径的交叉点，有喷泉、雕像、园林小品作为装饰。这样做既能够突出布局的几何性，又可以产生丰富的节奏感，从而营造出多变的景观效果。在理水方面，主要采用石块砌成形状规整的水池，并结合水景，设置大量精美的喷泉。

法国园林中的植物，作为过渡兼有建筑和自然的特点，把自然元素建筑化，即把植物图案化、模型化，服从于规整的几何图形，从而产生独具特色的植物景观。

[森林栈道]

下面请大家随我步入森林栈道,整个栈道蜿蜒在树林之中,仿佛是一条丝线把沿线的道道美景串成了一根光彩夺目的项链。无论路、桥、亭、阁,都盈充着山林野趣。

下面我给大家介绍有关树木的知识:树木是由根、干、枝、叶、花、果组成的。

那么,树木究竟给大家带来了什么?

首先,树木能够改善人类赖以生存的环境质量。树木不断地进行光合作用,消耗二氧化碳,制造新鲜氧气。

其次,树木能调节空气中的相对湿度,如夏季人们在树荫下会感到凉爽。

最后,树木还能对人类赖以生存的环境起到重要的保护作用,固定土壤,防止水土流失。

为了我们人类的生存,让我们爱护树木、爱护大自然吧!

树木是如何分类的呢?

按树木生长类型划分:乔木类,树形高大,主干高大,如白桦;灌木类,树形矮小,主干低矮,如海棠;藤木类,能缠绕或攀附他物而向上生长的木本植物,如爬山虎;匍匐类,干、枝等均匍地生长,如铺地柏。

按照对环境因子的适应能力划分:按照对热量因子的适应力可分为热带树种、亚热带树种、温带树种和寒带亚寒带树种;按照对水分因子的适应力可分为耐旱树种、耐湿树种;按照对光照因子的适应力可分为喜光树种、中性树种、耐阴树种;按照对空气因子的适应力可分为抗风树种、抗烟和抗有毒气体树种、抗粉尘树种和卫生保健树种;按照对土壤因子的适应力可分为喜酸树种、耐碱性土树种、耐瘠薄土树种和海岸树种。

按树木观赏特性划分:赏树形,如杨树;赏树叶,如金叶榆;赏花树,如海棠;赏果树,如山楂;赏干树,如红瑞木。

按树木的用途划分:独赏树(孤植树、标本树、赏形树)类、遮阴树类、行道树类、防护树类、林丛类、花木类、藤木类、植篱及绿雕塑类、地被植物类、屋基种植类、桩景类、室内绿化装饰类。

(东北红豆杉)我们眼前的这棵红豆杉是非常珍贵的濒危植物。红豆杉被喻为"健康树",在美国的白宫、英国的白金汉宫、联合国总部都可以找到它的身影,它的树种曾经被神舟四号飞船带入太空。红豆杉有永葆平安、健康长寿的寓意。此外,从红豆杉的树皮和树叶中提取出来的紫杉醇对治疗癌症有较好疗效。

(步步高升)它是沈阳桧,通过修剪与绑扎进行造型,寓意不断上升与进步。

[梅园]

现在我们看到的是梅园。梅花有着高洁、高雅和坚韧不拔的品质,象征着中华民族临危不惧和百折不挠的民族精神。梅花颜色淡雅,花朵有半重瓣和重瓣之分,花朵美观,观赏价值较高。梅花种在室内,气味芳香,是天然的空气清新剂。梅花的颜色最常见的有红色、粉红色、白色。我们看到的这种红色的梅花，是能在沈阳地区越冬的梅花品种。红色的梅花艳若桃李，灿如云霞，又如燃烧的火焰、舞动的红旗，极为绚丽，颇具感染力。

（夫妻树）它由黄色叶片的金叶榆与红色叶片的红叶李栽植在一起，通过绑扎和修剪做出各种造型，寓意夫妻恩爱，相濡以沫，比翼齐飞。

[霜红园]

现在我们来到的是霜红园。在落霜时节，这里叶色红黄相间，层林尽染。

[梨园]

这里是梨园，在金秋时节，大家可以品尝到美味多汁的苹果梨、南果梨等。

[生态观测站]

基地还建有一个生态观测站，生态观测站可以实时监测各种生态因子。现在大家看到屏幕显示的是当前的温度、空气湿度和空气负离子含量等气象环境要素，为积累气象数据和分析气候变化提供了科学依据和基础数据。

[生态文明知识]

党的二十大报告提出，推动经济社会发展绿色化、低碳化是实现高质量发展的关键环节。这是立足我国进入全面建设社会主义现代化国家、实现第二个百年奋斗目标的新发展阶段的战略选择，必须牢固树立和践行绿水青山就是金山银山的理念，站在人与自然和谐共生的高度谋划发展。

[古老农具展示区]

现在我们来到了古老农具展示区，大家可以看到碾子、石磨、辘轳、石碌、升等。

碾子，是用人力或畜力把高粱、谷子、稻子等谷物脱壳或把米碾碎成糙或粉的石制工具。这种工具在电气化以前的中国农村很常见，但现在已经很少用了。碾子由碾台、碾盘、碾碌和碾架等组成。碾盘中心设竖轴，连碾架，架中装碾碌，多以人推或畜拉，碾盘和碾碌上分别由石匠凿刻有规则的纹理，目的是增加摩擦力，通过碾碌在碾盘上的滚动加工粮食作物。

石磨，是用人力或畜力把粮食去皮或研磨成粉末的石制工具。由两块尺寸相同的短圆柱形石块和磨盘构成。一般是架在石头或土坯等搭成的台子上，接粉末用的石或木制的磨盘上摞着磨的下扇（不动盘）和上扇（转动盘）。两扇磨的接触面上都錾有排列整齐的磨齿，用以磨碎粮食。上扇有两个（小磨一个）磨眼，供漏下粮食用。两扇磨之间有磨脐（铁轴），以防止上扇在转动时从下扇上掉下来。

辘轳，是提取井水的起重装置。井上竖立井架，装有可用手柄摇转的轴，轴上绕绳索，绳索一端系水桶。摇转手柄，使水桶或起或落，提取井水。

石碌，一般是大青石做成的，呈圆柱体，两头有碌眼。石碌是劳动人民发明的一种脱粒农具，在20世纪90年代以前的农村打谷场上经常见到。它可以用牲口拉，也可以用机械拉，一般用于小麦、谷子等农作物脱粒。

升，是量粮食的器具，容量是斗的十分之一。

[植雕园]

现在我们来到了植雕园，这里利用榆树、水蜡树、圆柏等树种，通过绑扎、修剪等技术措施，做出各种几何与动物造型。

好了，辽宁生态工程职业学院林盛教学基地就带领大家参观到这里，希望通过我的讲解能使大家有所收获，感谢大家配合！

点评解析

这是一篇中规中矩的导游词，但是整体语言实用性强，通俗易懂、老少皆宜。虽然在导游词创作中缺少了一定的艺术性，却能在较大的场地中保证游客的安全及游览的便利，因此也是值得学习的。

植物类旅游资源不同于动物类旅游资源，植物所呈现的主要是静态美，动物呈现的是动态美。在导游词创作过程中就要按照不同的特点运用不同的语言风格。

创作训练

根据下列材料提供的信息，撰写一篇植物类或动物类景观导游词。要求：①语言规范，表达得体，内容切题，条理清楚，符合导游语言要求；②按照材料中提到的概念、信息和景观意象，进行准确、恰当的解释、扩充与想象，不能照搬某一景点现成的导游词；③字数控制在300～600字；④在选材、角度、结构、表达方面要有一定的创新性和思想深度，如和时代结合；⑤根据训练完成情况，进行自评、小组互评和教师点评（表5.3），从而确定个人学习收获、能力水平和努力方向。

（1）天女木兰花，落叶小乔木，叶背有白粉。产地中国辽宁，是中国唯一的野生木兰属植物。为濒危植物，属国家三级重点保护植物，在亚洲范围内，韩国、日本也有分布。

天女木兰花是辽宁的省花，也是辽宁本溪的市花。天女木兰花之所以能够从众多的花卉品种中脱颖而出，一跃成为省花、市花，是因为它具有极高的观赏价值：枝干光滑无纹，叶片肥厚呈现油绿色；大大的花瓣为乳白色，在阳光照耀下，略显晶莹；花蕊红中带黄，色彩鲜艳。

（2）丹顶鹤是鹤类中的一种，大型涉禽，成年体长120～160厘米。颈、脚较长，通体大多白色，头顶鲜红色，喉和颈为黑色，耳至头枕白色，脚黑色，站立时颈、尾部飞羽和脚黑色，头顶红色，其余均为白色；飞翔时仅次级和三级飞羽以及颈、脚黑色，其余均白色，特征极明显，极易识别。幼鸟头、颈棕褐色，体羽白色而缀栗色。常成对或成家族群和小群活动。迁徙季节和冬季，常由数个或数十个家族群结成较大的群体。一般集群多达 40～50 只，有时甚至 100 多只。但活动时仍在一定区域内分散成小群或家族群活动。夜间多栖息于四周环水的浅滩上或苇塘边，主要以鱼、虾、水生昆虫、软体动物、蝌蚪、沙蚕、蛤蜊、钉螺，以及水生植物的茎、叶、块根、球茎和果实为食。分布于中国、蒙古国、俄罗斯、朝鲜、韩国和日本。

丹顶鹤是鹤类中体形较大的一种。它因头顶呈红色而得名，神话传说中更把它描述成来往于天地之间的仙鸟，习惯叫它仙鹤。盘锦是大部分丹顶鹤暂时休息的中转站，其中部分留在这里繁衍生息。丹顶鹤在进入交配期前，雄性丹顶鹤首先要抢占地盘，不允许其他同性个体进入自己的领地，这种行为称为占巢。然后丹顶鹤要举行求偶仪式，雄性丹顶鹤会与雌性丹顶鹤一起翩翩起舞，并引吭高歌，以吸引异性的注意和爱慕，此时的鸣声尤为响亮而悠远。

丹顶鹤选择配偶的条件非常挑剔，但是一旦成为配偶，便会终身相守，不离不弃，如果一只丹顶鹤死亡，另一只便会围绕着死去的丹顶鹤在空中盘旋悲鸣，经久不息，直至死亡，有的甚至会一头撞死。它们自由的飞翔、美丽的共舞、痴情的守候，无不诉说着人类对爱情的憧憬，它们也因此成为恋人们最喜欢的吉祥物，人们渴望让自己的爱情在丹顶鹤的祝福下美丽地成长、成熟。

表5.3　动植物景观导游词训练评分表

评价项目	评价内容	分值	自评	小组互评	教师评价
训练准备	积极主动参加小组训练讲解活动	10			
	熟练掌握动植物景观的基础知识	10			
讲解展示	服装得体、容貌整洁、发型规范、化妆自然	10			
	举止得当、姿态规范	10			
	知识讲解完整、正确，重点突出，层次分明，思路清晰，逻辑性强	10			
	普通话标准、流利，吐字清晰，语速适中，语言生动，能引起共鸣	10			
	能灵活运用导游讲解的方法和技巧，能调动游客的积极性	10			
	自创导游词编写新颖、有创意	10			
	顺利完成范文景点实例讲解	10			
	顺利完成自创景点实例讲解	10			
总分		100			
努力方向					

拓展学习

生态旅游

1. 生态旅游的含义

生态旅游就是利用现有的自然资源，对外进行有控制的开放，举办有特色的旅游项目，使旅游者能投身于大自然的奇异风光、异常新鲜的空气及静谧的环境中，达到尽情欣赏自然美，增进身心健康，陶冶情操，增长知识的目的。

2. 生态旅游面临的问题

1）一些严重的生态环境问题与人类活动本身密切相关。

2）相当一部分旅游者和旅游经营者对生态旅游认识不足。

3）生态旅游区归属不明，管理混乱。

4）生态旅游发展所需的专业技术、管理等人才缺乏。

5）目前的生态旅游规划缺乏科学性和必要的技术手段。

6）生态旅游概念的扭曲导致另一种生态破坏。

7）风景区的无序开发和建设造成生态失调。

8）风景名胜区环境监控难度大，污染严重。

3. 生态导游员的基本素质

1）良好的道德修养。良好的道德修养是导游员的基本素质之一，生态导游员更应具有高尚的道德情操，因为生态导游员在对游客行为的规范、引导、教育方面负有特殊责任。如果导游员品德低下，所作所为违反道德伦理，会给游客带来负面影响，更谈不上对游客的引导和教育作用。

2）合理的知识结构。生态导游员除了应具备传统导游学科的知识，还应掌握生态学、林学、环境保护学以及生态旅游目的地本身自然地理学科方面的知识、生态学相关的专业知识等。

3）较强的业务能力。主要包括执行政策能力、语言表达能力、组织协调能力、人际交往能力、应变能力等。

4）健康的身心。导游是一项体力和脑力高度结合的工作，尤其生态导游员要经常陪同游客跋山涉水、亲近大自然，既要消耗大量体力，还要在行程中为游客讲解，向游客传授知识，对体力和脑力劳动都有很高要求，导游员必须身心健康。

4. 生态导游员的特殊素质

1）对人类环境，尤其是对地球生态的强烈责任感。这种责任感来自对环境的担忧，更来自对地球生态遭受破坏的充分认识。导游员只有对植被破坏造成一些生物濒临灭绝，水土流失，全球气候变暖，洪水、干旱、飓风不断发生等现象有比较深刻的认识，对白色污染、大气层臭氧空洞有强烈的忧虑之情，才会满怀激情地从事生态旅游的导游工作。

2）具有较丰富的生态知识。要做好生态旅游的导游工作，导游员必须具备自然生态、人文生态等方面的知识，如地球地貌知识、海洋知识、湿地知识、动植物知识、环保知识等。

3）有一定的导游实践经验。生态旅游活动比一般的大众旅游活动在行程上更艰苦，也更具挑战性，如攀登雪峰、穿越峡谷、跃马草原、泛舟湖海，都需要导游员具备相当的带团实践经验，在组织游览过程中必须有更精细周密的安排，更需要具备处置突发事件的能力。例如，在游览过程中游客遭受野兽伤害，中途迷路、走失时，导游员应当及时果断进行处置。

5. 生态旅游导游词的特点

1）严密的科学性。生态旅游涉及的科学知识很多、很广，地形地貌的形成与演变、动植物及水环境的保护、生物习性、气象气候等各方面都有不同的规律。导游员不能海阔天空地说得天花乱坠，而应遵循内在的科学逻辑，一丝不苟地进行导游解说。

2）强烈的环保意识和教育功能。生态旅游的一个重要任务就是教育生态旅游参与者保护旅游目的地的生态环境和生态系统，使他们参加到保护生态环境与濒危物种的队伍中来。生态旅游导游词的一个重要任务就是让游客在整个旅游活动中受到生态环境保护的系统教育。

3）人与自然的和谐性。在生态旅游过程中强化对游客的生态教育，使游客自觉保持与大自然的融洽与和谐，人与生物界的亲密无间，起到相互呵护的良性循环作用。

4）环境体验引导性。游客参与旅游活动的一个重要目的，就是通过对旅游目的地不同环境的亲身体验，释放在原工作生活环境中积郁的压抑心情。导游词应当提示、引导游客积极参与到不同环境的实际体验当中。

5）环境审美及娱乐性。生态旅游中的娱乐性往往表现在与自然界的亲密接触，如观鸟、戏猴、攀岩、漂流、采花、摘果、捕鱼等。这些活动具有很强的参与性和体验性，为人所带来的身心愉悦是一般观光旅游所远不能及的。

6）反复提示的安全意识。生态导游员必须不断提醒游客注意安全，还要针对旅游行程前方可能发生的危险事故提出预案，并告知游客规避危险以及自救的方式，必要时还要对某些细节作出示范。生态导游员的责任重大，一切都要防患于未然。

6. 生态导游的基本原则

1）宾客至上的原则。

2）维护旅游者合法权益的原则。

3）规范化服务和个性化服务相结合的原则。

4）服务至上原则。

5）保护性原则。

6）教育性原则。

7. 生态旅游导游词的创作技巧

1）必须具备良好的综合素质和写作能力。

2）在写作之前，必须深入实地做大量采访调研考察工作。

3）要注重知识性和科学性，并将生态环境保护的理念贯穿始终。

4）要有适当的情趣。

5）要提示引导游客积极参与、体验旅游过程中的相关活动。

6）应根据游程的转移给予环保指导和安全警示。

课后任务

请根据以下材料，并结合棋盘山植物分布特点，撰写一篇导游词，并能够熟练讲解。

棋盘山风景区

棋盘山风景区位于沈阳市东北部，是长白山系哈达岭余脉。景区面积 142 平方千米，其中水域面积 5.04 平方千米，空气负离子含量为市区的 4～10 倍。棋盘山风景区旅游主要框架为棋盘山、辉山、大洋山、秀湖，三山环抱一泓碧水，构成众星捧月之势。森林、湖泊、湿地、山谷、动物、植物、历史、宗教文化等旅游资源得天独厚，不可复制，形成中国罕见的可以一站式完美体验的休闲度假胜地。棋盘山风景区是集旅游观光、休闲度假、动植物研学、冰雪体育、影视创意、民俗宗教、智慧农业于一体的国家 AAAA 级风景名胜区。

驱车从市区出发，一路向北，当驶入一座刻有"棋盘山风景区"的景观门楼，便进入了一个有山又有水、风光无限旖旎的自然之地。山峦起伏，让这里气势磅礴；森林覆盖，让这里绿意盎然；水域辽阔，让这里温暖润泽。棋盘山风景区以其优越的地理位置、优良的生态环境、独特的自然景观和丰富的旅游资源，成为沈阳及周边城市假日旅游的首选目的地，被亲切地称为"城市绿肺""沈阳后花园"，在沈阳乃至辽宁旅游产业中发挥了重要作用。

棋盘山山势起伏，峭而不危，从西北坡拾级而上，落叶与针叶交错，草木葳蕤。秋蝉掩映在山中卖力地歌唱，五彩的蝴蝶笑迎四方宾客，热情地为登山的游客引路。山道两旁的树枝上挂满串串野果，山楂、野杏……伸手就可以摘下，轻轻拭去灰尘就能大快朵颐。

棋盘山顶有"观棋阁""临秀亭""星落石杆"等景观。登临峰顶，看尽远山近水，揽天地入怀，这正是"棋盘远眺"的神韵所在。

棋盘山缘何以"棋盘"命名？相传，古时候在长白山天池，每逢莲花盛开之日，各路神仙都会赶来采莲沐浴。一次铁拐李和吕洞宾结伴而返，行至半途中，忽见脚下有奇山如雪，更有一块平整光滑的巨石。二仙棋性大发，画石为盘，抬石化子，大战数十回合之后兴尽而返。棋盘山由此得名。对于这一传说，清代盛京名士缪公恩就曾在其《辉山》诗注中写道："山阳之畔有大石，平广丈余，传是仙人棋盘。"此外，民国时的《东三省古迹轶闻》一书记载："山有崖一处，中列天然棋盘棋子，横竖皆可移动，唯不能拾取尔。"那么，棋盘山上的"古棋盘"究竟毁于何时？20世纪70年代，为了整治蒲河水患和改善城市生态环境，沈阳兴建棋盘山水库。建棋盘山水库，需要在山底开凿隧洞，并要开山放炮，为防止山顶的石头棋盘震落，伤及山脚下施工的工人，指挥部决定先炸掉山顶棋盘。虽然如今棋盘山上的棋盘是复建的，但这并不妨碍游客的兴致。在此遥想二仙对弈、俯望山水、笑看风云的画面，游客仿佛仍可感受到昔日此处"利刃分楚汉，抬石化将兵"的仙家手段，领略千古棋局中的星罗错峙、千变万化……

棋盘山风景区内，辉山、棋盘山、大洋山、樱桃山、秀湖构成了"四山一水"的大生态格局。每到夏秋之际，棋盘山山岚如带，秀湖水面流云飞渡。山与水之间，云雾氤氲，萦绕相映，形态万千，变幻莫测。

值得一提的是，棋盘山景区内外，留有丰厚的文化遗存，如山中的向阳寺遗址、石台子山城遗址等。石台子山城始建于汉唐时期，2006年被列为全国重点文物保护单位。向阳寺始建于公元1575年，相传清太祖努尔哈赤操练兵马之余，曾于古寺与老方丈纵论天下大势，茅塞顿开，由此一举夺取天下，创建大清王朝，后赐名"向阳寺"。

（资料来源：王向峰，王秒，李浩，2021. 棋盘山 沈阳的后花园[N]. 沈阳日报，2021-09-03，有删改）

项目六 不同团型导游词创作与讲解

任务一 不同团型导游词创作

任务导入

随着旅游的普及和发展，人们对旅游的个性化需求越来越强烈，旅游市场也出现了不同需求的群体。2018 年，教育部等主办的全国职业院校技能大赛高职组"导游服务"赛项新增加了一个环节——现场导游词创作及讲解，要求选手从 100 个旅游文化元素和 15 个团型中各抽取一个，并结合情境进行现场导游词创作及讲解，目的是考察选手的文化素养和导游词创作能力。针对这种情况，导游员就不能只会创作一篇导游词，而是要会分析不同游客群体的特征，采用不同的表达方式和沟通技巧，讲解不同内容的导游词。

学习目标

※ 知识目标

- 了解不同旅游团团型的基本特征。
- 掌握不同旅游团团型导游词创作技巧。

※ 能力目标

- 能根据不同旅游团团型的特征创作导游词。

※ 素质目标

- 树立爱岗敬业的信念，能够从游客角度出发，提供个性化讲解服务。

学习重点与难点

重点：不同旅游团团型导游词的创作技巧。
难点：不同游客群体的特征分析，个性化讲解词的创作。

基本知识

一、不同旅游团团型的特征分析

1. 研学团

2016 年 11 月 30 日发布的《教育部等 11 部门关于推进中小学生研学旅行的意见》（教基一〔2016〕8 号）指出："中小学生研学旅行是由教育部门和学校有计划地组织安排，通过集体旅行、集中食宿方式开展的研究性学习和旅行体验相结合的校外教育活动，是学校教育和校外教育衔接的创新形式，是教育教学的重要内容，是综合实践育人的有效途径。"

按照年龄，研学团可大致分为小学生研学团和中学生研学团。

小学生活泼好动，兴趣广泛，情感丰富且易于外露，他们的注意力不易集中、持久性差，且常与兴趣密切相关，生动、新颖、具体的事物较易引起他们的注意力；对于比较抽象的概念、定理，他们不感兴趣，因而不易长时间地集中注意力。针对小学生研学团的导游词应该浅显易懂、趣味性强，要善于使用讲故事的方法，需要激发他们的想象力、引起兴趣的引导语。

中学生正值学习的黄金时期，已经有一定的知识储备，他们精力充沛，好奇心强，求知欲旺盛，理解能力强，同时中学阶段也是人生观、价值观形成的重要阶段。针对中学生研学团的导游词应该力求内容正确、用词准确、信息量丰富，并有一定的思想性、逻辑性，能激励他们树立正确的人生观、价值观。

2. 教师团

教师团是一个较特殊的团体，他们知识丰富，整体素质高，有一定的专业背景，对感兴趣的事物喜欢刨根问底、一探究竟。

针对教师团的导游词，要求知识必须正确，内容要有深度，对自然景观要讲清楚成因，对人文景观要介绍清楚历史背景、文化内涵，对社会现象要中立地分析，不能妄下定论。

3. 亲子团

亲子团是家长带孩子去旅游的旅游团，团队成员有成年人和儿童。亲子团与其他旅游团体不同，导游员要更多地为儿童设计一些旅游景点，让家长和孩子共同参与活动项目，通过旅游增进家长与孩子之间的感情，融洽家庭关系，实现家长与孩子的共同成长。此外，对家长的旅游安排也是需要重点考虑的内容，要突出家长与孩子的交流和互动。

针对亲子团的导游词要有兼顾性：亲子团的儿童是主体，他们的认知能力较低，理解能力较弱，导游词的用语应浅显易懂、通俗明白，甚至直截了当；同时还要考虑家长的需求，所以导游词要随时变换文风，适当的时候要有亲子互动。

4. 银发团

银发团又称夕阳红团。老年旅游市场是一个新兴的旅游市场，被称为具有夕阳性质的朝阳产业。老年人有着丰富的人生阅历，因此对精神消费的需求较多。他们最大的特点是好思古怀旧，希望得到尊重，在旅游过程中，他们渴望得到更多的关注，更加注重沟通、交流与安慰。

针对银发团的导游词，在景点解说上，要选择历史文化厚重的内容，讲出沧桑感，最好能和他们的经历产生共鸣，在导游讲解技巧上要多运用轻松愉快、含蓄幽默的方法。讲解时，导游员语速要放慢，口齿要清晰，服务要亲切、热情和周到。

5. 商务团

商务团的主要目的是考察目的地的投资市场和环境，旅游只是一个附加项目。商务团的成员多为商业精英，他们见多识广、思路敏捷，通常文化水平较高，既注重实际，又关注细节和感受。

针对商务团的导游词，内容要严谨，不能出现低级错误，语言要规范，适当的时候使用幽默的语言，营造轻松的氛围。

二、不同旅游团团型导游词创作技巧

1. 称谓要符合讲解对象的身份

在导游词的开头，面对的讲解对象不同，称谓也应不同。例如，针对教师团，可以说："各位老师早上好！教师是人类灵魂的工程师，我曾经的梦想就是当一名老师，所以每带一次教师团我都收获颇丰，我很愿意向各位老师学习。"又如，针对摄影团，可以说："摄影协会的朋友们，大家好！著名的法国雕塑艺术家罗丹说过，'生活中不是没有美，而是缺少发现美的眼睛'。今天就让我们拿起手中的相机，一起来一场视觉盛宴吧！"此类开头既明确了讲解对象，又拉近了与游客的距离。

在导游词的中间部分，可以使用通俗易懂的口语表达，交代清楚游客所处的位置和观景的角度。可以用"小朋友们，我们现在来到的地方是×××，姐姐在这里要提醒大家，要注意安全，跟好爸爸妈妈。别乱跑，知道吗？"交代游客所在的位置；可以用"请同学们往右前方看"提醒游客观景的角度。通过这些引导性语言说明游客和景观的位置，不仅增强了导游讲解的现场感，还突出了游客的身份。

在导游词的结束语中，根据不同团型和讲解内容突出讲解对象。例如，针对银发团，可以说："爷爷奶奶们，了解了那达慕大会之后，我们就一起走进蒙古包，和蒙古族朋友过一个快乐的节日吧。"

2. 内容要符合讲解对象的特点

导游词创作中，要考虑讲解对象的年龄、职业、性别，同时在分析和把握讲解对象的旅游动机和诉求的基础上，选择适合讲解对象特点的内容，进而创作出富有知识性、趣味性的导游词，尽量满足游客的心理需求。

要根据不同的讲解对象进行有针对性的讲解，也就是要投其所好。例如，面对银发团和亲子团，讲解黄山时在内容选择上就有所侧重。老年人都比较怀旧、关注健康养生，因此可以多讲解景点的历史背景，如"明代地理学家、旅行家徐霞客曾两次登临黄山，对黄山的自然风光赞不绝口，发出了'登黄山，天下无山，观止矣！'的感慨，被后人引申为'五岳归来不看山，黄山归来不看岳'"。小朋友天真活泼，可以多讲解黄山的石头，如"大家朝这边看，这块奇石就像一只猴子蹲坐在那里晒太阳。今天天气非常好，我们就叫它'猴子望太平'；那如果眼前有一大片云海呢？我们就称它是'猴子观海'了"。

商务团注重感受。在创作鼓浪屿导游词时，可以选择鼓浪屿的琴声、建筑与步行街道三大特色来创作。例如，"在鼓浪屿的各个角落，你都能不时听到悦耳的琴声，音乐已成为这里的一道独特风景。鼓浪屿，又名钢琴之岛、音乐之岛，最盛时拥有500多架钢琴，因此，鼓浪屿也叫作'琴岛'。稍后会给大家时间，放下工作的疲倦，什么也不做，聆听鼓浪屿上优美的琴声"。又如，"漫步在鼓浪屿，你会发现整个岛上见不到任何机动车，在这里，步行不仅体现了环保意识，而且已经成为一种文化，一种代表慢节奏的生活方式。在座各位都是商业精英，平时工作压力大，在这里你可以无拘无束、慢慢悠悠地享受无限美好的时光"。

导游员要善于根据游客的性别、年龄、兴趣爱好、身份等创作不同的导游词，使游客在身心愉悦的同时，增长见识，开阔眼界。

3. 文风要符合讲解对象的特点

根据讲解对象的特点，形成知识型、活泼型、幽默型、亲切型等不同的文风。教师团导游词的文风多是娓娓道来、引人入胜；银发团导游词的文风多是怀旧；写生团导游词的文风多是关注绘画艺术、线条色彩等。亲子团导游词的文风多是轻松活泼、浅显易懂，如可以这样讲马王堆汉墓帛画："这张帛画，可以分成三层来看。最上层画的是天界，所以，右边有一个圆圆的太阳，古代中国人相信太阳中有一只金乌，所以在太阳里也画了一只鸟；左边有一轮弯弯的月亮，上面画了一只蟾蜍；另外还有一些坐着说话的仙人，一条飞在天上的龙。"研学团导游词的文风多是能引发思考、注重教育的，如"这件汉朝的帛画把写实和幻想融合在一起。所以绘画可以启发我们的想象力、创造力，表现很多生活中不存在的景象。一般人常说科学的发明是无中生有，其实绘画也可无中生有。人类文明的进步，大抵是从无到有，而要想从无到有，就必须发挥想象力和创造力。在这一点上，神话和绘画都有很大的贡献"。

4. 导游词开头要切入主题，结尾要升华主题

主题是一篇导游词的灵魂，对主题进行合理的切入，关键在于选好讲点。选讲点就是选择旅游景点中有特色的点作为导游词创作的中心。这个点可以是景区中的一个小景点或节点，也可以是景区相关的一个对象或内容。例如，在创作景泰蓝的导游词时，可以选择景泰蓝的制作工艺来切入介绍；在创作黄鹤楼的导游词时，可选择历代文人墨客的诗词歌赋的专题进行介绍。

文章结尾要有力度且值得回味。好的导游词也应做到简洁有力、干净利落、趣味盎然、耐人寻味。创作导游词时，应从讲解对象开始，对主题进行升华，将事物中隐含的古典文化精髓渗透进去，提炼出耐人寻味的人生哲理，起到画龙点睛、点石成金和锦上添花的效果。如果讲解的是自然景观，可以托物言志，传递出热爱大好河山的美好情怀；如果讲解的是人文景观，可以抓住景观创作者的思想，结合中国传统文化的思想点明景观的意境。

5. 导游词要体现时代性、创新性

导游词创作中既要回望过去，又要立足当下，既要不忘传承，又要注重创新。例如，都锦生织锦博物馆导游词，开头是："各位游客，2016 年 9 月召开的二十国集团领导人第十一次峰会，让杭州成了世界阅读中国的眼睛。G20 杭州峰会召开期间，每位国家元首夫人都收到了一份精美的国礼，它就是大名鼎鼎的都锦生织锦。"结尾是："在现代科技代替了传统手工艺的今天，老字号与我们渐行渐远。但它是有温度的，所以弘扬民族品牌就是今天我们对工匠精神的最好传承！"开篇以 2016 年的 G20 杭州峰会送给各国元首夫人的国礼"都锦生织锦"展开，体现出传统技艺的时代新生，结尾与"工匠精神"热点结合，称得上是一篇具有时代感和创新性的导游词。

范文示例

四种团型的大政殿导游词创作

亲子团：小朋友们，眼前的这座建筑就是大政殿了，它是努尔哈赤爷爷的办公室。它还有三个小名，分别是"八角殿"、"大衙门"和"大殿"，它是沈阳故宫最古老的建筑，也是最庄严和最神圣的地方。这里举办了很多重要的活动。例如，皇帝宣布出征

打仗、迎接将士凯旋、太子继承皇位等都是在这里举行。1643 年 8 月，清朝迁都北京后的第一代皇帝顺治（福临）的登基大典就是在这里举行的，当时的顺治只有 6 岁，比你们的年龄还小很多，就已经当上皇帝了。因为他的年龄太小，所以只能由他的叔叔多尔衮摄政王执政。第二年，也就是 1644 年，清朝迁都北京后，沈阳故宫就成为陪都宫殿了。

老年团：大政殿建立在 2.2 米高的须弥座式台基上，周边围以雕刻精细的荷叶、净瓶状石栏板，殿顶为黄色琉璃瓦镶绿色剪边，这不仅有别于北京故宫满堂黄的建筑形式，而且以绿剪边的形式体现出"满族源于游牧民族，对绿色草原的无限眷恋"。这是沈阳故宫和北京故宫的第一个区别，后面还有很多处区别，我先卖个关子，待会儿沿着行走路线，一个一个地揭晓答案。请叔叔阿姨们小心脚下的台阶，我们一起到殿内看看。

商务团：大政殿为大木架结构，榫卯相接，没有一颗钉子，殿身 8 面各有 4 扇木槅扇门，飞檐斗拱琉璃彩画及大殿正面双龙盘柱都是汉族的传统建筑形式，而殿顶的相轮宝珠与 8 名胡人力士又具有宗教色彩。在建筑布局上，大政殿与十王亭构成一组完整的建筑群，这是历代宫殿建筑所看不见的。清军入关后，康熙、乾隆、嘉庆、道光四朝皇帝东巡时都曾在这里举行活动。

研学团：同学们，请大家往远处看，数一数前方的亭子有几座？排列形状有什么特点？（同学们回答：10 座、八字、翅膀）对了，在大政殿前的左右两侧，各排列 5 座方亭，其中最靠近大政殿向前略为突出的两座亭子为左右翼王亭，它们与后面的八旗亭呈八字形（燕翅状）向外排开。有哪位同学了解满族的八旗制度呢？（同学们回答：8 种颜色的旗子、打仗的部队）大家回答得都对，我来给大家总结一下吧。八旗是满族一种独特的社会组织，它源于游牧民族狩猎编制，1601 年努尔哈赤为了军事和生产的需要，创立四旗，以黄、白、红、蓝四色方旗为标志设正黄旗、正白旗、正红旗、正蓝旗，后来在征服各部的过程中队伍不断扩大，于 1615 年改造并创立了八旗制度，另增设了镶黄旗、镶白旗、镶红旗、镶蓝旗。八旗基本单位是牛录，努尔哈赤时期规定每 300 壮丁编成为一牛录，五牛录编成一甲喇，五甲喇编成一固山，一固山就是一旗。好，现在问大家一个问题，一旗一共多少人？[同学回答：300×5×5=7500（人）]这位同学就是传说中的速算高手！对，一旗共 7500 人，后来又增设蒙古八旗和汉军八旗，入关之前已有 24 旗，18 万人，但旗帜并未改变，所以习惯上仍称作八旗。八旗并非简单的部队编制，而是军事、生产、行政合一的组织，编入八旗的成年男子"出则为兵、入则为民"，既出征作战又从事生产。

（资料来源：沈阳故宫官网）

点评解析

针对四种不同团型创作的沈阳故宫大政殿导游词，灵活运用导游讲解技法，在讲解内容的侧重点上有所区别，并能根据团型特征变换称谓、语言和语气，使讲解对象听起来非常自然、亲切。

创作训练

请选择一个你熟悉的景点，针对不同的团型创作不同的导游词，如亲子团、教师团、商务团、养生团、留学生团。要求：①语言规范，表达得体，形式上符合导游词创作要求；②字数控制在 1000～1500 字；③导游词创作角度、结构和表达等方面要有一定的创新性；④根据训练完成情况，进行自评、小组互评和教师评价（表 6.1），从而确定个人学习收获、能力水平和努力方向。

表 6.1　不同团型导游词创作训练评分表

评价项目	评价内容	分值	自评	小组互评	教师评价
团型分析	个性特点	10			
	旅游动机	10			
创作策略	称谓符合讲解对象的身份	10			
	内容符合讲解对象的特点	20			
	文风符合讲解对象的特点	20			
	开头切入主题	10			
	结尾升华主题	10			
	体现时代性和创新性	10			
	总分	100			
努力方向					

拓展学习

导游大赛中根据不同团型创作导游词的技巧

全国职业院校技能大赛高职组"导游服务"赛项从 2018 年开始增加了现场导游词创作与讲解赛程，内容为中国著名旅游文化元素，该部分比赛公开题库，题库包括 100 个旅游文化元素和 15 个团型。选手现场抽选出一个旅游文化元素和一个团型，准备时长为 30 分钟，选手独立完成现场导游词创作。30 分钟后选手上场，在 2 分钟内用中文进行脱稿讲解。15 个团型包括宗教朝圣团、亲子团、中学生研学团、老年团、商务团、政务团、教师团、留学生团、养生团、女性团、度假团、华侨团、作家采风团、摄影团和写生团。配合团型的讲解技巧可归纳为以下几点：

第一，在欢迎词中切入团型。明确各个团型的称谓，在欢迎词中使用恰当的称谓是最简单、最直接的技巧。这一点的关键在于两方面：一是用对称谓；二是摆正自己和团型的关系，根据年龄、角色找准关系。

第二，口头语言表达要领和肢体语言要符合不同团型的需求。正确的称谓既要配合恰当的语气、语速，又要合理运用肢体语言。把评委当游客，眼神、表情、动作等肢体语言的交流非常重要，增强模拟导游气氛，现场感十足。

第三，和游客（评委）互动，渲染现场效果，引起游客（评委）注意，增强表现力。最简单的互动形式是把团型的称谓穿插到讲解中，在讲解一个知识点前或者讲解中增加一句称谓，然后继续讲解知识点的内容。互动的一种形式是问答法，选取旅游文化元素的一个知识点来提问，与游客（评委）互动，以自问自答的讲解方法模拟导游。

第四，结合各个团型的爱好和需求进行有针对性的讲解。认真分析各个团型的年龄特点、爱好，恰当代入所抽选的旅游文化元素中。

第五，在欢送词中切入团型。比赛的讲解词虽然短，但是欢送语也不能少，在欢送语中，再次提到团型的称谓并且点题，能够起到画龙点睛的作用。

讲解中应恰当配合团型的称谓和互动，不宜过于频繁称呼团型，因为讲解时间有限，在合适的位置提到 3~4 次团型即可。

📋 课后任务

1）通过仔细研读范文示例中的不同团型的导游词，领会不同团型导游词创作要领，在学习过程中创作出符合不同团型要求的导游词。

2）课下继续进行不同团型导游词的编写，每人就某一景点最少创作 3 篇不同团型的导游词；在小组内及班内进行评比，选出优秀作品进行展示。

任务二　不同团型导游词讲解

🖊 任务导入

导游词讲解是一门艺术。导游员要根据不同游客的情况，运用导游词讲解的艺术及技巧，使讲解的内容更加生动活泼且富有魅力。游客的旅游目的不同，文化修养、知识水平和审美情趣也不同，这就使导游员在导游词讲解的语言运用、服务态度、讲解技巧等方面要具有针对性，即按照游客的不同需求变换内容，做到因人而异。

学习目标

※ 知识目标

● 了解不同团型导游词讲解技能。

※ 能力目标

● 能够针对不同团型，适当调整导游词的讲解方式。

※ 素质目标

● 树立大局意识，规范导游服务礼仪。

学习重点与难点

重点：掌握不同团型导游词讲解技能。
难点：针对不同团型，自然流利地讲解导游词。

基本知识

不同旅游团团型有其年龄、性别、性格、职业、地区等特征，针对不同团型，在导游讲解时的语气、方式方法是大不相同的。

1. 中小学研学团

对于小学研学团的导游讲解，语言要生动有趣，语气要亲切、柔和，有一定的亲和力，如"嗨，小朋友们。现在请紧紧握住你身边小伙伴的手，不要跑开"。对于中学生研学团的导游讲解，可以使用在课堂上老师的语言，表达简洁准确，如"同学们，写毛笔字离不开笔、墨、纸、砚，今天给大家讲一下中国的文房四宝"。

2. 教师团

对于教师团的导游讲解，语气要自然、随和，甚至要谦虚、低调。例如："亲爱的老师们，你们好，我很荣幸为你们服务。虽然我长大后没有成为一名老师，但我永远不会忘记老师的恩情。请允许我怀着一颗感恩的心，和大家一起开启今天×××的旅程。"

3. 亲子团

对于亲子团的导游讲解，应该做到平衡，兼顾孩子和家长。但是，亲子团中的孩子是主体，导游员的语气一定要温柔可亲，引导孩子和家长进行互动。例如："孩子们，你们最近玩得开心吗？""你们认为我们应该感谢爸爸妈妈带我们去旅行吗？今天导游哥哥就给你们一个这样的机会，好吗？那就是给自己的父母唱首歌，唱完歌我们就去××了解其中的秘密！""亲爱的小朋友们，你们好！我相信爸爸妈妈在家里为你们做过很多好吃的，今天来到四川，让我们来一场美食之旅吧！"

4. 老年团

对于老年团的导游讲解，导游员语速要慢，甚至不厌其烦地重复和提醒，讲清楚。要有真诚的微笑，随时随地问候，注意每个细节的沟通，无微不至地关怀。例如："爷爷奶奶们，博物馆里面有点黑，所以走路要小心。""爷爷奶奶们，请慢慢来，细细品味。台阶很多，小心脚下。"

5. 商务团

对于商务团的导游讲解，风格应严谨、正式、大气，语气的使用应有规律，还要注意观察，必要时可以停下来发表自己的意见；适当的时候，可以用幽默的语言来调节气氛。例如："大家平时业务繁忙，今天就让我们改变一下工作环境，把大自然当作办公室，呼吸新鲜空气，相信您会收获不少！"

范文示例

1. 百家姓（亲子团）

"赵钱孙李，周吴郑王。冯陈褚卫，蒋沈韩杨。"亲爱的朋友和孩子们，只要一听，你们就知道我要讲的是《百家姓》。

《三字经》《百家姓》《千字文》合称"三百千"，是中国古代幼儿的启蒙读物。那么《百家姓》真的只有100个姓氏吗？今天，导游姐姐就为大家揭开这个谜团。

《百家姓》是一篇关于中国人姓氏的文章。据文献记载，它写于北宋初年。《百家姓》采用四言体例，排列姓氏，句式押韵。虽然内容缺乏文学连贯性，但它对中国姓氏文化的传承和对汉字的理解起到了巨大的作用，这也是其能够流传千年的重要原因。

"赵钱孙李"之所以成为"百家姓"前四名，是因为《百家姓》是在宋朝吴越地区形成的。你看，宋朝皇帝的姓是"赵"，五代十国时期吴越王的姓是"钱"，"孙"是宋朝后妃的姓，"李"是南唐统治者李煜的姓。这就是《百家姓》开篇"赵钱孙李"序列的由来。

所以，孩子们，你们知道当今社会有多少个姓氏，哪个排在第一位吗？哈哈，大朋友们，你们知道吗？

据《中国姓氏大辞典》收录，从古至今各民族用汉字记录的姓氏多达 2.4 万个。这些姓氏在发展演变过程中，有的已消失于历史长河中，有的则经过世代传承延续下来，逐步形成目前在用的 6000 多个姓氏。

公安部于 2021 年 2 月 8 日发布的《二〇二〇年全国姓名报告》显示，2020 年的"百家姓"中，"王""李""张""刘""陈"名列前五，五大姓氏人口总数占全国户籍总人口的 30.8%。

孩子们，你们姓什么？排在第几位？如果你们感兴趣，回去和爸爸妈妈一起调查吧！

2. 植物园（老年团）

"虽说时光染白了黑发，但是最美不过夕阳红。"各位爷爷奶奶，大家好！我是你们今天的导游员小×，看到你们慈祥的笑容，我就想起我的爷爷奶奶和外公外婆，你们呀，就把我当作小孙女，就当是今天小孙女陪你们去×××植物园走一走，散散心，好不好？

今天，我们的行程非常轻松，这个植物园是一个天然的大氧吧，周末到这里走一走，看看花花草草，还有池塘里的鱼，也是一种享受哟！今天的行程非常悠闲，爷爷奶奶们一定不会觉得辛苦的。

爷爷奶奶们，如果你们有什么要求或者需要我帮忙的地方，尽管开口。孟子说得好，"老吾老，以及人之老"，所以呀，有事您说话，小孙女一定会尽量满足您的需要。如果小×有做得不够好的地方，你们都可以向我直接提出来，这也是在帮助我进步啊，好不好？

出门来玩，最重要的还是安全，今天我会一直举着这面黄色的旗帜，人在旗在。刚才爷爷奶奶们也拿到了帽子，建议大家都把它戴起来，这样便于小×寻找。如果你们不小心走丢了，不要着急，也不要到处走动，就待在原地，小×会回去找大家的！

我们现在还有一个小时的时间到达目的地，晕车的爷爷奶奶和我说一声，如果你们觉得身体不舒服，也要马上和我说，或者是需要拿东西或者走动的，都可以叫小×帮忙。爷爷奶奶们只要坐得稳稳的，一切都由小×来帮你们，好吗？

············

今天还看到爷爷奶奶们在游乐园荡秋千，看你们笑得那么开心，我心里也很高兴。我想大家平时也许都是带着孙女孙子们去玩这些项目，而自己总是站在旁边看着的吧。今天，我们也过了一把瘾，也希望爷爷奶奶们有时间多出来走走。

愉快的一天马上就要结束了，小×希望下次还能带着你们在大自然中逛一逛，有时间也可以到我们旅行社坐一坐，喝杯小×为您泡的茶。最后，也祝愿爷爷奶奶们身体健康，天天开心！

点评解析

这两篇导游词针对两种不同的团型，在开头的欢迎问候语、中间的过渡语及结尾的总结语中，都采用了针对团型特征的称谓、语言和语气进行讲解，使讲解对象听起来非常自然、亲切。亲子团的导游词讲解语言亲切、自然，通过向孩子们提问，激发孩子们的兴趣，也拉近了与孩子们的距离。老年团的导游词讲解语气平和、亲切，让老年人感受到了导游员的热情与贴心，讲解中加入的一些关心的语言，让老年人感受到了温暖。

讲解训练

1. 方法

角色训练法：学生分组，每组 4~6 人，轮流扮演导游员、游客、评分员进行不同团型导游词讲解训练。

2. 要求

1）角色要轮换，每个学生都要扮演不同的角色。
2）课下认真演练、准备，选择最优秀的一组在课堂上完成角色扮演。
3）根据训练完成情况，进行自评、小组互评和教师点评（表 6.2），从而确定个人学习收获、能力水平和努力方向。

表 6.2　不同团型导游词讲解训练评分表

评价项目	评价内容	分值	自评	小组互评	教师评价
训练准备	积极主动参加小组训练讲解活动	10			
	熟练掌握不同团型导游词的讲解方式	10			
讲解展示	服装得体、容貌整洁、发型规范、化妆自然	10			
	举止得当、姿态规范	10			
	知识讲解完整、正确，重点突出，层次分明，思路清晰，逻辑性强	10			
	普通话标准、流利，吐字清晰，语速适中，语言生动，能引起共鸣	10			
	能灵活运用导游讲解的方法和技巧，能调动游客的积极性	10			
	自创导游词编写新颖、有创意	10			
	顺利完成范文景点实例讲解	10			
	顺利完成自创景点实例讲解	10			
总分		100			
努力方向					

拓展学习

不同年龄游客特征和服务技巧

1. 老年游客特征和服务技巧

（1）特征

一般来说，老年人自尊心较强，希望得到别人的重视，喜欢别人顺从。随着年龄的增长，老年人的记忆力和心理承受力往往会降低。他们积累了丰富的生活和工作经验，形成了相对固定的思维方式，不愿改变旧习惯，比较节俭，行动迟缓，不容易适应新的环境。环境的变化往往会使老年人不适应，常常感到孤独。

（2）服务技巧

1）导游员的着装要简洁大方，不要穿过于时髦的衣服。

2）在讲解的时候，语速要慢，声音要大，要有吸引力。

3）服务态度要亲切、热情、周到。

4）时时恭敬，称谓要得体，言行要礼貌，举止要优雅，学会耐心聆听老年人说话，不能厌烦，对老年人的劝告和唠叨应予以体谅。

5）提供耐心细致的服务：生活中用心，旅行中用心，服务中耐心，安全中无忧。

2. 中年游客特征和服务技巧

（1）特征

1）思维敏捷，情绪稳定，能独立观察与思考，能独立安排自己的生活。

2）有清晰的自我意识，对事物能做出理性判断，有独立解决问题的能力。

3）知识和经验丰富，有创造力，专注力强，记忆力强，能控制情绪，有在群体意识中保持平衡的能力，能很好地适应新环境。

（2）服务技巧

1）着装简单大方，讲究服装质量，化淡妆以示对游客的尊重。

2）语速适中，讲解内容有一定的内涵和深度。

3）适合用简洁的语言讲解，能表现出导游员的稳重和优点。

3. 青年游客特征和服务技巧

（1）特征

1）精力充沛，热情好动。

2）对旅行有特殊的偏好。

3）在旅途中经常表现出兴奋、好奇的态度。

4）特别喜欢开玩笑，喜欢提出各种各样的问题和要求。

（2）服务技巧

1）根据青年游客特征开展独具特色的导游服务。

2）根据游客的背景或接待团体时的情况，以轻松活泼的语气迅速拉近与游客的心理距离，放松游客紧张的情绪。

4. 儿童游客特征和服务技巧

（1）特征

好奇心强，过度活跃，喜欢新鲜事物，注意力不集中，不像成人旅游团那样愿意听导游的话。

（2）服务技巧

1）保持童心，穿带有卡通图案的衣服。

2）讲解时，语言要生动、热情、准确，语速要缓慢。

3）适合使用提问式、启发式等互动式讲解词，让儿童对话题产生浓厚的兴趣。

（资料来源：https://www.hotelcis.com/blog/post/8834.html，有删改）

课后任务

一个广东亲子旅游团一行 20 人到南京夫子庙参观游览，你作为接待该团的导游员向游客讲解夫子庙。

参 考 文 献

丁建，2016．导游讲解口头语言表达能力五段训练法的研究[J]．广东教育：职教（12）：118-119.

董捷迎，2013．导游讲解服务实战全攻略[M]．北京：化学工业出版社.

范志萍，张丽利，2019．导游词创作与讲解[M]．北京：中国旅游出版社.

关继东，2009．森林景观与动植物观赏[M]．北京：中国旅游出版社.

全国导游资格考试统编教材专家编写组，2022．全国导游基础知识[M]．7版．北京：中国旅游出版社.

盛荣娟，2018．旅游专业导游词写作教学方法探析[J]．度假旅游（9）：57-58.

宋文天，2017．谈导游讲解技能的培养策略[J]．经营者（12）：285.

汪亚明，徐慧慧，王显成，2021．导游词编撰与讲解实务[M]．北京：旅游教育出版社.

熊友平，2013．导游讲解技巧[M]．杭州：浙江大学出版社.

原群，2014．导游技巧与导游词策划[M]．北京：旅游教育出版社.

张素洁，范军，2011．导游讲解技巧[M]．北京：中国铁道出版社.